U0596841

返璞归真领导力

40 年实战淬炼

罗淑莹 Christabel Lo / 著

中国出版集团 东方出版中心

图书在版编目（CIP）数据

返璞归真领导力：40年实战淬炼 / 罗淑莹著.
上海：东方出版中心, 2025. 5. -- ISBN 978-7-5473
-2721-0

Ⅰ. F272.1-49

中国国家版本馆CIP数据核字第2025YA0662号

返璞归真领导力：40年实战淬炼

著　　者	罗淑莹
丛书策划	刘佩英
特约策划	苏敬轼　徐　慧
责任编辑	徐建梅
封面设计	青研工作室

出 版 人　陈义望
出版发行　东方出版中心
地　　址　上海市仙霞路345号
邮政编码　200336
电　　话　021-62417400
印 刷 者　上海盛通时代印刷有限公司

开　　本　890mm×1240mm　1/32
印　　张　7.75
字　　数　145千字
版　　次　2025年5月第1版
印　　次　2025年5月第1次印刷
定　　价　78.00元

版权所有　侵权必究
如图书有印装质量问题，请寄回本社出版部调换或拨打021-62597596联系。

推荐序

勇立潮头——如何建立自己与市场的领导地位

　　1989 年是我加入百事集团（PepsiCo）的肯德基事业部，担当其中国总经理的关键年。虽然我在宝洁台湾担任副营销总监时已经负责管理他人，但我并没有真正的领导经验。因为我只不过是一台运行良好的机器里的一个齿轮，仅在履行有限的职责，并没有真正理解领导力的真实含义。等到成为肯德基中国新生业务的总经理时，我很快就体会到，我不单单要从零开始组建团队，更要与全世界最强劲敌麦当劳一较高下。

　　是的，PepsiCo 规模毫不逊色于麦当劳，人力资源（HR）体系和作业稳健。许多人甚至视 HR 是公司内最有权威的部门，因为它拥有所有重大人员决策的话语权。但所有这些对我来说都无济于事——来自不同背景的新团队成员无法理解，不会操作，更不用说如何执行和捍卫这些作业方式了。更大的问题是，大多数团队成员都是本地员工，而他们的人事处理方式、理念基础，与公司的 HR 作业标准大相径庭。

因此，我不得不花费大量的时间和精力，来管理一些我认为是非常基础的人员问题。比如，"为什么我的薪资比其他的伙伴低"，或"我下一次晋升是什么时候"。也有其他更具挑战的问题，如"我们如何衡量绩效"，或"主管的绩效指标是什么"。还有更多的问题来自我自己：如何取得人员对目标的共识；如何让团队学会互相提携以至我们能共同取得成功。

我不是 HR 专家，也无心在这领域钻研。在沃顿（Wharton）商学院时，我曾上过关于组织行为和领导力的课程，但我觉得内容乏味，欠说服力。毕竟，人类比机器复杂得多，很难要求一群人一直步调一致。一群强者（在 PepsiCo 过去称他们为"老鹰"）更不会像一群雁一样编队飞行。

我需要找方法来培养"老鹰"般的强者，并让他们以协调一致的方式，领导各自的团队，共同朝着"成为全中国乃至全世界最成功的餐饮企业"的愿景前进。

依习惯，我第一个想法是找来最棒的人协助我。按照 PepsiCo 的组织架构要求，我从外部寻找，引进了优秀人才，逐步建立了 HR 领导团队，其中包括首席人力资源官、薪资福利主管以及其他岗位人员。

招募进来的一个关键人物，就是本书的作者罗淑莹（Christabel Lo），她成为我们的培训和发展总监。Christabel 从事培训行业多年，曾经是香港一家知名国际培训公司的总经理，好在她有兴趣加入一家她认为有潜力成为行业领导者的公司。Christabel 非常专业，在她的协助下，我们开始设计、推动一连串我认为对团队很重要的训练——如"高效能人士的七个好习惯"和"全面质量管理"课程。

其后，一个关键时刻来临。人力资源总监的离职，导致 HR 团队变得群龙无首。我做出了我职业生涯中的一个重要决定，提拔 Christabel 担任人力资源职能负责人。当时她认为我欠考虑，因为除培训以外，她在 HR 的其他范畴没有经验，更不懂如何管理薪酬体系。但我向她保证，我会亲自帮助她（我擅长这类事情）。我选择她成为 HR 功能的领导者，正是因为她不是一个传统的 HR 专业人士。我更期望的是有一个伙伴，帮助我培养人才，而不仅仅是管理人才。

Christabel 做到了！我一直公开表示，所有后勤功能都非常重要，但其中最关键的是财务和 HR。我们做的所有决定，要么与钱有关，要么与人有关，而且大多数时候两者兼而有之。需要这两方面的专业人员来帮助我们做出最有质量的决定。

相信没有人会反驳这个概念，但可惜的是大多数企业并不理解它的真正含义。很多时候，这两个功能变成"权力中心"，员工学会拍他们的马屁以获得支持。决策变得官僚化，员工盲目地遵守一些无意义的准则，并花费大量精力来获得批准和共识。

我想要的是不一样的财务和 HR 支持，尽管需要花力气得来——毕竟改变"常态"并不容易——但我很庆幸自己最终能如愿以偿。

在 HR 方面，我希望为团队灌输新的思维方式。我不想要那些只想赚大钱并被呵护的"企业士兵"（Corporate Soldiers），我要的是追求成为真正领导者的人。我希望员工能体会到即使在最微不足道的角色中，他们仍能作出贡献并有所作为。我想让他们知道，每个人都可以做"领导"——只是领导力是靠自己努力赢取回来的，而非自动跟着头衔来的。

在 Christabel 上任后，我们彻底改造了公司的管理结构及其日常管理方式。通过设立各种专题委员会，整个公司采纳了一种新的"累积诀窍"（Know-how building）模式。我们创建了人员评估委员会（People Review Board）以及落实绩效评估体系。我们让每一位团队领导者学会并能够解释、捍卫公司的薪酬政策和做法。我们扩展了培训和发展课程体系，覆盖了人员在不同发展阶段的学习。针对企业不同类别的人员，我们打造雇主品牌，有针对性地进行招聘和职业生涯管理。

这是我们能够取胜竞争对手并成就理想的唯一途径。年复一年，我们取得越来越好的成绩，对未来也有着越来越好的展望。年复一年，我们的能力不断提升。我们形成了吸引人才的磁场，即使他人以更高薪和头衔来猎头，人员还是选择留下。年复一年，组织效能和文化调查显示，人员信任企业是言出必行的，同时说他们自己就是企业。

每个人都能成长的基本信念，以及帮助他人成就自我的做法，都植根于一个"Earn the Right to Lead"概念，意思是：领导力是靠自己努力赢取回来的。无论是作为小团队的负责人，还是帮助伙伴做出更好的决定的团队成员，又或者是大团队里的大哥哥大姐姐，每个人都必须学习如何赢得领导他人的权利。如果做到，公司也能在其选择的竞争领域上"Earn the Right to Lead"，获得领导的权力。

我很高兴 Christabel 决定写这本书。任何人如果有兴趣了解应该如何与他人共事，甚至成为更有影响力和更出色的领导者，都应该花时间阅读，并比对你已有的领导力概念，相信你一定会有所启发。

苏敬轼
百胜餐饮集团全球董事会前副主席
百胜中国前主席兼 CEO

推荐语

2006 年认识 Christabel，有幸成为百胜中国的一员并与她共事多年，一同为达成百胜中国团队的使命"成为全中国乃至全世界最成功的餐饮企业"而努力。

她不仅是一位 HR 领域的专家和优秀的领导力发展导师，更致力于发挥并提升组织的效能、培养团队领导力、培育优秀人才并发展与释放人才的最大潜能。她在这方面的投入可以说是到了着迷的地步，她身体力行，时时刻刻在帮助周遭的组织、企业和人才。记得 2017 年开始，我有更多的需要在公共场合用英文演讲，Christabel 看到我在这方面有机会可以更好地成长，所以就主动提起当我的导师，协助我提升英文演讲的能力。在平时演讲和培训的过程中，她都要我拍下全部演讲的过程，然后和我一起回顾视频，一点一滴地指导我，提升我演讲的诀窍、信心和影响力。她这样热心与用心，全心全意地投入协助同事的成长与发展，让我感触良多、受益匪浅。

Christabel 对组织效能提升与领导力发展的投入，可以说是不遗余力，这次能够总结她多年深刻的心得和完整的实践经验，并结合理论有系统地著作成书，相信一定能够帮助更多有需要的读者。

黄进栓

百胜中国前首席信息官与营销支持官、首席顾客官

肯德基中国前总经理

Christabel 的书深入探讨了每个组织，无论规模大小，都必须建立的基本支柱，以确保它的韧性以及成功的可持续性。她巧妙地涵盖了建立长期能力的核心组织基础，同时强调了人员领导力的关键作用。Christabel 认识到人是任何组织的核心，她为有效领导团队提供可行的见解，使领导者能够推动个人和集体的成功。我强烈推荐这本书给任何致力于建立一个持久和欣欣向荣的组织的人。

蔡郁菁

越洋集团总裁

Christabel 是一位让我敬佩的人，她对我来说亦师亦友。迄今为止我和她有两段三年共事的经历。

第一段在百胜中国，她是首席人力资源官（CPO），我是 CFO，她是把我带入百胜中国的关键人物之一。我当时从医药行业转行入餐饮行业，刚加入时有诸多不适应，是 Christabel 给予了我多方面帮助，加速了我的转型。

第二次合作是在我俩都退休后。摆脱了职场上的名利追逐，我们志同道合，真心诚意的想帮助中小企业家和他们的团队精进和成功。三年多的合作我俩配合默契，相互成就。

非常高兴能看到 Christabel 把她多年对领导力的认知和经验写成这本书，让这些宝贵的 Know-how 得以传授和传承。书中的诸多理论和知识点在不同公司已经实践验证过，有很强的实操性，衷心希望读者们能够受益。

陈维维

星巴克中国 / 百胜中国 / 赛诺菲亚洲和中国前首席财务官

《返璞归真领导力：40 年实战淬炼》提供了宝贵见解以帮助管理者和高层有效领导企业。这本书是必读之作，它让领导者思考如何利用公司最重要的资源——员工——来发展组织。根据她的丰富实践经验，Christabel 提供了一个路线图，并以系统性的步骤阐述企业在快节奏的市场中应该怎样扩张和获得成功。

李尔成

中欧国际工商学院管理学副教授

目录

第一部分
真且实的组织领导力

返璞归真领导力：40 年实战淬炼

2.5

引 言

为什么写此书？

　　关于领导力的书籍，多不胜数。也许你跟我一样，读过不少，其中不乏至理名言和出彩的理论。当今科技先进，人工智能（AI）可以随时随地为你量身定制，生成一本有关领导力的书。

　　的确，市面上可获取的知识相当丰富。但能将所知的融会贯通，实实在在运用于日常，领导团队，经营一个有意义的事业，并非易事。

　　工作至今，不管在什么岗位，我一直致力于如何将领导力理论落地，累积近40年的实战经验。因为热爱人才发展，多年来为此设计、教授了各式各样培养领导力的课程，并以不同方式辅导企业内外的专业人士，帮助他们成为更出色的领导者。在不断迭代中，培育了不少人才，并通过近距离观察他们的实践，验证自己的理念。

　　从百胜中国退休后，我曾多次被问到，能否把经验编写成书，将多年提炼出来的理念、行之有效的原则和方法传授给更多求知者和有志成为出色领导者之士，让他们少走弯路。2024 年年初，我萌生了动笔的念头。

在此我要对我尊敬的老板苏敬轼（我们都称他 Sam）表达由衷的感谢。过去从他身上学会了很多，他的著作《正路》更给了我榜样的力量。此书面世，是他在幕后给予我大力的鼓励与支持。

我非常赞同他书中所说："成功是有'正路'可循的。"当然，走上成功之路需要能力、方法。经验告诉我，技能、方法不是求多，而是求精求实用，求用得极致，进而应环境所需而变化创新，灵活运用。本着这个原则，我写了这本书，希望通过系统的经验分享，给你带来启发，并在活学活用中有所成就。

为什么此书命名为"返璞归真领导力：40 年实战淬炼"？

相信你会认同，领导力不是天生的，它可以通过后天学习和经验累积而提升。一开始讲到，领导他人的方式方法多种多样，广为流传，谁都可以学。问题是，不是人人都能摇身一变，就成为一位杰出的领导者。

如何修炼成为优秀的领导者？这正是我希望借此书的分享，帮助你回答的问题。

时代迅速变化，影响着我们的每一天。从我多年的观察，对优秀领导力的要求和定义，万变不离其宗。被公认的杰出领导者通常不是因为他们懂得很多带人的知识、方法，会用各种技巧，具备超强的专业技术能力，而是因为以下两个基本点，缺一不可。

（1）**他们带领团队做真正有意义的事情并做出成绩。**他们不是只为交功课，也不会让大家无的放矢，而是所有人会为共同做出的成果引以为傲。

（2）**他们待人以诚。**大家愿意跟随是因为他们是真心帮助他人成长、获得成功。抱着这样的心态，他们的处事原则、方法自然来得有效。

返璞归真就是要回到这两个基本点，找出误区，归纳成功的关键和行之有效的方法，不作虚谈。此书的目的是要帮助你经营真实的领导力。在组织层面取得有意义的成果，在人员层面，以真诚、以人为本的态度迎接领导他人的挑战，让组织与人员共长共赢。

组织是指被安排在一起的一群人，为达到某个共同目标共事。它涵盖各种规模的团队。每一个组织对成功都有不同的定义，一个成功并能持续发展的组织，都有它存在的积极意义：对服务对象有意义，对员工有意义，也对所处的社会有意义。这样的组织，往往在所属的领域彰显影响力。这种真实的影响力，我称为**组织领导力**（Organization Leadership）。本书第一部分的内容将给你分享打造组织领导力的关键，帮助你做好第一个基本点。

接下来，你要做好第二个基本点，抱着以诚待人的心态，发挥个人影响力和带人的能力。这种能力，我称为**人员领导力**（People Leadership）。

过去，我碰到过很多有志向的人，他们有着远大理想甚至有清晰的使命感，他们怀着一腔热血，想为社会或所属的组织作出有意义的贡献，其中有自己创业的，有在各大中小企业工作的，有为社会企业或志愿团体服务的。当发展到要带领较大或较多元的团队时，因各种内外原因，这些人开始感到有心无力，加上近年来业务环境巨大变化的冲击，要实践理想，就难上加难。

本书第二部分将介绍实用的原则和方法，助你迎上挑战，提升你的人员领导力。让你有头绪地找到一群志同道合的、有能力的伙伴，带领他们在多变的环境下不断成长，各展所长，发挥最大的协同作用，共同成就理想抱负。

关于自己

我的职业生涯是从 14 岁开始的。那时每年暑期跟随父亲在家族生意（香港财利船厂）实习，我从基础工作做起，培养了强烈的主人翁心态。大学毕业后从美国回到中国香港参与管理工作，但实务经验不足，我就利用工余时间学习人际关系、沟通和领导技巧。我当时参加了卡耐基训练（Dale Carnegie Training），有幸碰到好老师，学习加实践，自己的能力得到了突破性提升，体会到自身潜力被释放的喜悦。因为希望给他人带来同样的喜悦，我接受邀请，成为卡耐基训练的正式讲师，并用业余时间授课，其后更成为当时在香港最年轻的大师级讲师（Master Trainer），参与培训讲师。这段日子，让我接触到来自不同行业背景的专业人士，亲身体会"教学相长"的满足感，也领悟到什么是"书到用时方恨少"。1990年我决定放下工作，回到校园，在美国康奈尔大学（Cornell University）攻读工商管理硕士（MBA）专业，全面强化业务管理知识。毕业后为了实践所学，尝试不同领域的工作，我加入了香港花旗银行，三个月后被提升为国际个人银行业务负责人。工作一年半后，经过深入反思，我清楚自己虽然能够专业地为客户带来理想的投资回报，但内心更热爱能为他人带来更具意义的个人成长的培训工作。于是我应邀回到卡耐基训练，担任香港业务负责人，全面推动公开课程和企业客户的人员发展项目。这几段经历，磨炼了我的商业头脑。

1997年，由于家庭原因来到上海，机缘巧合加入了百胜中国（当时还是PepsiCo的餐饮事业部）。一转眼在百胜度过了非常具有挑战和精彩的21年，我常常形容这段经历是"一边造飞机，一边开飞机"。本书的内容，大部分是从这段经历中提炼出来的。

记得刚加入时，团队在中国大概不到180家的肯德基（KFC）和10多家必胜客（Pizza Hut）门店，总共10 000多名员工。我加入不久，美国总公司宣布把全球餐饮事业部从PepsiCo分拆出来的决定，全球餐饮事业部要成立独立上市的Tricon Global Restaurants Inc.（其后改名为Yum Brands Inc.）。

我的上司，时任百胜中国CEO苏敬轼给我第一个大任务，就是要借此契机和他联手，引导中国的领导层定立愿景、使命和确立团队协作价值观（书中有更详细的案例分享）。从那时开始，我们就抱着"成为全中国乃至全世界最成功餐饮企业"的宏愿前行。

作为当时的培训发展总监，我一方面要全面搭建与实践培训发展体系来促进人员成长，另一方面要有序推进人员规划，适时优化组织架构和预备人才来领导各地的业务发展，还有一个重任是要不断地在团队内巩固和落实企业文化价值观。

2000 年，我接受 Sam 的任命，接手整个人力资源职能（HR）的管理，进一步落实企业跃进目标，主导组织能力建设，结合领导团队制定和实施人员发展策略、推动变革、优化市场和协作中心（即总部）的组织架构和人员管理体制，为后勤功能打造世界级的能力。

至 2005 年，中国团队已崭露头角，业务由每年成功开出大约 100 家餐厅的步伐，倍增到 300 多家。近 20 个市场和协作中心的各后勤功能都能独当一面，整合起来更是一支坚不可摧的联盟。优异的业绩让我们晋身为 Yum Brands 旗下五大事业部之一，不再是对国际事业部报告的业务单元，而是直接向总公司报告。

年复一年，虽然外部经营环境的挑战不断，团队还是持续成功。以跃进方式发展，中国团队在全国开店的速度达到了每年 500 家以上，每年引进数以几万计的人员加入，共同支持业务。百胜从原来经营的两个品牌，建立、购入和引进更多的新品牌。在此过程中，我们欣喜地看到很多人在体系里不断成长，担负更大的领导角色。追求跃进的企业文化根深蒂固，日渐壮大的攻坚团队抱着强烈的向心力，为共同的愿景打拼，年年交出漂亮的成绩单，是多么令人振奋的事！

中国团队成就突出，成为 Yum Brands 其他事业部学习的榜样。在企业成立 10 周年，即 2007 年，总部将企业文化内涵升级，加上了中国团队跃进式发展的价值元素，并向全球推广。于我而言，这是一份殊荣。

2016 年年底，百胜中国具备了每年能开出上千家店的实力，各品牌和后勤功能达到了世界级水平，团队取得了有目共睹的成绩，可以说是共同实现了 1997 年定下 "成为全中国乃至全世界最成功的餐饮企业" 的目标。

当年董事局决定把百胜中国从 Yum Brands 分拆出来，独立上市。我作为百胜中国的首席人力资源官（Chief People Office, CPO），在公司分拆上市重组事宜上，担当了关键角色。我再一次担当引导者，与领导层在成功上市的基础上，探讨未来的发展方向，定下更大的使命，让团队上下同心，开启新的一页。

2018 年年初，百胜中国餐厅数已达 8 000 多家，人员已超过 40 万名，接班团队也准备好了，我觉得我在百胜中国的任务已大功告成，是时候从企业退役，重拾自己的初心：在有生之年，帮助各行业、各阶层有志为发展有意义事业的创业者或中小型组织，释放个人和团队潜能。我希望通过传授所学，协助他们成功，同时自己也为社会作贡献。本着这个初衷，我在上海成立了岭隽管理咨询公司，用咨询、辅导、培训和投资等方式去实现我的个人使命，也因此结识了更多志同道合的朋友。

如何读本书？

本书两部分的内容互相呼应，建议你按顺序阅读，获取完整概念，并按书中建议，进行深入思考和应用。同时，每个章节也是独立的单元，你可选读任一章节。

第一部分，本书介绍打造组织领导力的概念，从核心的攻坚团队开始，逐一说明成就组织领导力的七个成功关键，通过分享亲身经历的案例，启发思考。你可以边阅读边结合你所在组织目前的状态，有针对性地学以致用。

第二部分，本书将以工具书的方式，展开谈论如何提升人员领导力。除基本概念外，还提供实用技巧、工具并举例说明。建议你边阅读边在工作中练习、应用。

总的来说，我希望通过分享我从过去职业生涯中所提炼出来的诀窍，带给你一个有框架的思考指南和一些务实的技巧工具，帮助你更大程度释放你和团队的潜力，共同成长，成就理想。

1

第一部分

▼

真且实的
组织领导力

若要成就一个了不起的企业，
我们要拒绝随波逐流，拒绝平庸，
拒绝接受马马虎虎的成绩。

———苏敬轼

1.0

组织也有领导力?

每当我谈到**组织领导力**这个话题时，常常被问到，什么是组织领导力？组织也有领导力吗？

相对于个人，组织是指被安排在一起的一群人，他们为达到某个目标共事。组织一词概括了各规模盈利、慈善、社会企业、机构、公司、团体以及在其中的团队。而领导力一般都是指个人带领他人的能力。

那么，组织也有领导力？

是的！

先从个人领导力来思考，当我们说某些人具备领导力，不是指他们的职称有多高，势力有多大，而是指他们的所作所为、言行举止、思维方式是受尊重的。有领导者，即是有追随者。追随者愿意以优秀的领导者为榜样，向他们学习。具备领导力的人可能在你身旁，是经常可以看见的；也可能在远处，你有耳闻但不相识；甚至可以是有跨时代影响力的历史人物。

套用同一概念，组织也有领导力。当说到某个组织、企业或团队具备组织领导力，不是指它们的规模有多大、资金有多充裕、营利有多高，而是指它们的产品与服务质量、营运作业方式和成员共享的价值理念是受尊重的。它们对其受众，包括顾客、成员或所属的社会，带来显著且正面的影响力。

组织领导力（Organization Leadership）
是指组织在其作业领域所展现的正面影响力。

你每天都有机会接触到具备组织领导力的企业或团队。为什么？因为你会选择用它们的产品或服务，甚至成为它们的粉丝，常常留意它们，向它们学习。它们也许是你熟悉的本土企业或家喻户晓的初创公司、跨时代的百年老店或跨地域的巨型知名国际组织；它们也或许是你所在企业里的某些团队。

从时间和影响力两个维度来看，组织领导力有不同的层次。它可以是短暂的，甚至是昙花一现，也可以是跨时代的。它的影响范围可以局限于所在的领域、社区或市场，也可以是跨领域、跨国界的。无论如何，具备领导力的组织是榜样，是值得学习的对象。具备强有力组织领导力的企业更稳健，更经得起风浪考验。它们能年复一年完成目标，交出成果，并影响着所在领域和社区的积极发展，它们被视为行业标杆，有些更成为著名商学院的学习案例。

相信你选择看这本书，是因为你希望提升自我，成为一个真正的领导者，带领你的团队，联合你的伙伴，共同干一番有意义的事业，为企业和社会作出积极的贡献。也就是说，你已经在经营组织领导力了。

相信你也认识到，一个组织或团体的真正成功不能只靠你一个人，而是需要一支互相信赖的团队共同成就。组织领导力不单是你的追求，它也要成为团队里每一位成员的追求。

全员领导的组织定位

真正有意义的成就，从来就不是依靠一个人或少数的领导者得来的。以"一言堂"的方式来带领团队，成就只会局限于领导者个人的能力。

我常常会用这句话形容百胜在中国的成功："我们一班平凡人共同创造了非凡的事业。"以我在其中的经验，我深深体会到一个具备真实领导力的组织，必须是一个以**全员领导**为定位的团体。企业的每一位人员都是他们负责范畴的领导者，当每一位"平凡"之人都能发挥"不平凡"的领导力，把所负责的做到极致，为着共同的使命相互提携，产生的协同效应（Synergy）将是巨大的。

全员领导的定位让你有机会释放团队每一位人员的潜力，来获得加倍的、长远的和了不起的成果。作为领导者，你要放下个人英雄主义，抱有更宽广的胸怀，用合适的方法培育全员领导的组织。

全员领导不是指每一位人员都是老板，都有着什么高管的职衔，或每个人都有指挥者的权责，而是指组织内每个层级的人员都明白，他们除了要展示所需的专业技术能力外，还要展示出相匹配的领导力。资历较浅的人员拥有**自我领导能力（Self-leadership）**，能自我察觉、有效自我管理、承担责任并自我驱动。资深并负责领导团队的人员，除了自我领导，还需要展示他们带人的能力，在本书中我称为**人员领导力（People Leadership）**。

全员领导力（Leaders at All Levels）

是指组织内每个层级的人员都具备匹配的自我领导力及人员领导力。

当人员了解组织全员领导力的定位和意义，以及对他们的期许，他们自然会重视提升自我领导力和人员领导力。作为他们的领导者，你的责任是帮助他们成功。作为榜样，你也要持续提升自身能力，成为优秀的人员领导者。本书第二部分将深入探讨人员领导力。

想大想远

个人领导力不是与生俱来的，而是通过学习、内化，加上刻意练习，在实践和经验中积累而来；同样地，组织领导力也绝对不是天生就具有的，它不是因为创业概念有多棒，策略有多精彩就能实现，而是你作为领导者，用决心加上带领人员的能力，持之以恒地与团队一起经营出来的。

不管你处在哪个层级，或哪个岗位，如果你决定打造组织领导力，你必然愿意暂时放下短期的业务、财务目标，先作**全局思考，放眼未来**，然后从长计议，部署你的行动计划，予以实施。

全局思考，是指你要了解组织大局，而不是见树不见林。你是否清楚并认同组织存在的意义及长远目标？你对整体策略有多了解？你能否清晰定义团队现状和面对的挑战？你是否清楚当下组织的成功关键或要解决的痛点？你如何评价团队整体能力？缺陷是什么？等等。先有全貌，才能进而理解与明白你在组织发展中担当的领导角色、责任和攻坚的优先顺序。这也是为何此书先从组织领导力开始，进而再展开个人领导力的话题。

放眼未来，是指你的着眼点永远是组织的未来发展。记得我们在百胜开会时有一句口头禅："先想远，再想近；先想大，再想小。"就算要解决当下的危机，我们也要求团队先想未来再回到当下。先理清我们要为组织的未来发展做什么，然后作出相应对策。我们不要因小失大，同样也不是打补丁。打造组织领导力需要先想远、再想近，就是先考虑全局，再来订定出阶段性、有意义的里程碑。

关键成功因素

从百胜退休后踏入人生下半场的同时，我应邀为不同行业的中小企业高管和年轻专业人士提供辅导和咨询，帮助他们提升个人领导力、打造组织能力。他们大多冲着我过去多年在百胜作为首席人力资源官的经验而来。

的确，百胜从一个微不足道、在我加入时只拥有不到200家餐厅的业务单元，蜕变成在我退休那年拥有8 000多家餐厅，超过40万员工的独立上市公司，并成为全中国乃至全球餐饮业的行业标杆，是一个传奇。

借着辅导他人的过程，我趁机整理、提炼了过去在百胜及更早前职业生涯亲历的经验，目的是为他们快速归纳并提供最合适的建议，传承诀窍，为他们成就目标赋能。同时，我还观察他们的实践效果，及时提出反馈，来确保我对他们的辅导是有价值且可行的。

经过多年的实践和反复验证，我坚信，无论组织规模大小，属于什么领域，成就组织领导力，都是有章可循的。

近年来我把打造组织领导力的关键，整合成一个**共长共赢模型**。模型由七个成功因素组成，分别是：**攻坚战队、共识的抱负**

和策略、有力的文化和架构、人才磁场、能力促进器、有意义的
参与和跃进式的目标与行动。只要你下决心、花功夫掌握模型中
每一个关键成功因素，一定会有收获。

共长共赢模型

在后面章节，我将从模型的核心开始，逐一介绍。

1997 年初，我刚加入百胜餐饮集团中国团队（当时还属于 PepsiCo 旗下的餐饮事业部），公司正在上海建立餐厅协作中心 Restaurant Support Center，RSC）来支持中国业务。

当时在国内只有不到 200 家餐厅，分布各地，正以每年开 100 多家店的速度发展。这些餐厅由不同城市成立的 17 个 KFC 市场和 3 个 Pizza Hut 市场团队负责经营。有合资或加盟的市场，也有公司直接经营的。各市场的发展步伐不一，虽然产品、服务和营运有规定的标准，但市场管理有各自的体系和模式，没有打造一个完整后勤总部或协作中心的概念。

领导层意识到，这样分散的组织架构和管理模式，会成为未来在中国发展的瓶颈，需要进行整合，厘清什么功能更适合集中在 RSC 打造发展，什么能力应该保留在市场一线。简单来说，当时的目的就是要打造 RSC 的专业功能和领导力，与一线团队更好的配合，为百胜未来快速发展铺路。

了解了我们的长远目标，作为培训发展总监的我，清楚自己需要担当的角色和任务，也意识到这项工程并不容易。各市场领导者和团队已经习惯了独当一面，本能的反应是不希望失去控制权，同时他们对 RSC 各专业功能的空降部队能力抱有怀疑的态度。RSC 人员拜访市场时，一线团队是不太欢迎的，双方的协作精神甚弱。

为了具体厘清当时的实际状况和面对的挑战，我带着过往的经验，有系统和有针对性地对 RSC 和市场管理人员的培训需求进行评估，分析出我的首要任务是强化市场和 RSC 人员的双赢思维，提升人员领导力，驱动团队的共识和协同效应。

借上司 Sam 希望引进史蒂芬·柯维（Stephen Covey）的"高效能人士的七个好习惯"培训课程的契机，我开始启动植入正面企业价值观的工作。同时，我将多位高层领导者培养成内训讲师，让他们把所学的好习惯现身说法，他们因而也更积极地在工作上学以致用。

有了共同的语言，RSC 和市场的领导者就开始乐于相互协作。一直发展到后来携手推广企业文化，让企业价值观自上而下全面落地。

历史证明，中国团队自那时开始，进入共长共赢模式，RSC 内各功能一步步建立起世界级的能力，给予一线市场团队强有力的后勤支持，让一线团队没有后顾之忧，在市场上全力发展，助力百胜中国踏上成功之路。

1.1

攻坚战队：成功的核心

如果你想走得很快，你可以一人独行，

如果你想走得更远，与他人结伴同行。

———非洲谚语

核心成功因素：攻坚战队

什么是攻坚战队？

听到**攻坚战队**，你的头脑中马上浮现出的是——

战场上的敢死队？执行非常任务的特种部队？力争金牌的超级球队？征服高峰的探险队？一群为达成某艰巨任务而经过特殊训练的人员？一班素未谋面的平凡人遇到天灾后组成紧急组织拯救的支援部队？

这些场景在电影里看到不少，有虚构的，也不乏真人真事的纪录片。他们面对可控或不可控的场景，有顺境也不乏逆境，当面对意想不到的挑战甚至挫败，不是被打趴下，反而是愈挫愈勇，发挥成员之间协同作用和个人潜力，坚持把任务完成。他们是一支攻坚战队。

想想，他们的战斗力从哪里来？

首先，团队成员都有一个共同的心态——**使命必达！**他们清楚要争取的目标和要达成的任务是：攻下一个山头，或打败对手，或攀登更高的山峰，或拯救更多灾后被困的伤者，等等。他们明白任务是艰难的，甚至看似不可能的，存在风险或不可控的因素，但是他们决心坚定，迎难而上，勇往直前。当面对失败或挫折时，他们不会轻言放弃，而是从中学习、快速调整方法。有时甚至愿意走弯路去反败为胜，力求完成任务。

还有，就是团队成员的个人风格与背景迥异，能力不一，甚至原来互不相识，但他们都表现出极强的**协作力**。成员一方面全力执行分内任务；另一方面，当有需要时他们会主动地互补、互相支持。就算不是他们的专长或责任，也毫不犹豫伸出援手，给予队友及时的帮助，做到分工不分家。他们既能独当一面，也明白更大的协同效应来自互赖的精神。

并且，他们有强而有力的**行动力**，不会浪费时间在无意义的事情上，也不会为了回避争议而不谈痛点，达成目标比谁的面子更重要。他们宁可坦诚说出要害，尽快寻得应变或解决方案，予以执行。他们带着强烈的紧迫感，朝着最终目标，逐一解决疑难，拿下每一个高地。

这样的团队，就是我指的攻坚战队。

攻坚战队

是指一支有战斗力的团队。成员怀有使命必达的心态，表现出极强的协作力和行动力，能持续发挥理想的协同效应。

不难看出，具备这种战斗力的攻坚战队是成就组织领导力的核心。攻坚战队越强大，组织的成绩和影响力自然越显鲜明。

再来想想，一般在职场上，我们经常看到或听到这样的团队，还是看到较多相反的画面？

与攻坚战队相反的是什么？这些团队有什么行为、特征，他们又会产出什么样的结果？你可能会联想到这些场景：

- 一群看上去是和谐的伙伴，顺境时还好，碰到困难或逆境时，就忙于相互指责，挫败后不欢而散。
- 一大帮"高手"，力求表现自己比他人强，一天到晚忙着保护自己的地盘，把自己的目标凌驾于团队、企业的目标之上。
- 一群伙伴，整天低着头忙忙碌碌各做各的，只求交出被委派的任务，不主动沟通，也不求出彩的表现。
- 一班不能好好合作的同事，总是在一个"上有政策，下有对策"的状态下干活。
- 一个充满官僚的氛围，成员总是在谈规章制度。当产出不尽如人意时，他们往往会给出一大堆借口和理由。

你或许会想到更多类似的场景。其共同点是：他们虽然一起共事，但协作是虚假的、流于表面的。团队平常的产出也许无功无过，没什么亮点。当经营环境碰到冲击时，人员就会像一盘散沙，经不起考验。虚假的协作模式正是攻坚战队的相反面。

停下来想想，你的团队状态如何？ 是一支攻坚战队，还是在虚假地协作？ 你期许的团队状态是怎样的？

再想想，有理想和你一起打拼的人员，更希望身处哪种协作状态下工作？

摒弃世俗思维，进入攻坚模式

组织能有多大的成就，取决于团队的战斗力有多强大。没有攻坚战队这个核心，组织的愿景、抱负或使命是不会实现的，更不用说要成就什么组织领导力了。

真正的领导者当然不希望看到团队有虚假协作的表现。积极进取的人员也不会乐于置身这样的团队。但不幸的是，虚假的协作模式在职场上却常常可见。

常言道：一个和尚挑水喝，两个和尚抬水喝，三个和尚没水喝。1 加 1 大于 2 的协同效应从来就不是自然现象，攻坚战队是要刻意经营出来的。如果你希望成就组织领导力，你必须下决心建立一支有真正战斗力的攻坚战队。

在本章节一开始提到，战斗力是来自成员使命必达的心态、协作力和行动力。以我的经验来看，成员的胜任力不是不重要，而是锦上添花。一群人员就算拥有再强的技术能力,如果没有决心,只有虚假的协作,结果也不会成功。反之,一群平凡人,以攻坚的心态和行为共事,他们一定会交出越来越漂亮的成绩单。因为有战斗力的团队自然是孜孜不倦的,成员的胜任力会不断且快速提升。

不管人员当下的胜任力状态如何,你首先要带头创造攻坚的氛围、强化团队使命必达的心态,要求他们摒弃一些容易导致虚假协作的世俗思维,采用以下四个更有力的协作行为。

攻坚战队行为 1:重真相,高于和谐

世俗的思维是以和为贵,你不要因为追求和谐而让团队回避面对真相,甚至是忌讳谈论某些话题。

团队中有最糟糕的两个习惯。一个是在会议中"只报喜不报忧",但背后在茶水间却窃窃私语、议论纷纷。表面看似不希望打击伙伴的士气,或怕老板不高兴,实际是在自欺欺人。另一个是"Over Promise,Under Deliver",或者是:"说时天下无敌,做时有心无力。"画大饼,对谁都没好处,过分乐观反而变成误导他人。

真相可能是不受欢迎的,甚至是残酷的,但不把真正的问题和状况拿出来,共同及时处理,团队只会变得越来越被动。问题发生了或任务失败了,人员会倾向于互相指责,慢慢变得互不信任。伙伴会走向以不健康、虚假的模式来协作。

作为领导者的你,需要带头把这类话题提出来,同时创造一个安全的氛围,鼓励人员做同样的事,实事求是,习惯把项目风险、

反对意见和担忧等坦诚地说出来，进而以对事不对人的方式探讨对策。

攻坚战队行为 2：接受冲突，引导辩论和决定

不要因为追求和谐而回避冲突。

反过来，你要接受有建设性的冲突。团队成员因为各自不同的角色，会有不同的出发点、想法、观点与角度，伙伴之间有异议是正常的。例如，负责财务的，有责任挑战项目负责人是否花钱得当；营运团队可能不满企划伙伴推广活动时，没充分考虑到执行的困难。但是，最佳方案通常是越辩越明的。

当处理冲突时，你需要创造机会，引导团队一起，进行健康的辩论。聚焦于目标，让团队知道你是乐于听取不同意见的，借此打开团队成员的思维，进而引导辩论。你对所有成员的要求是，他们需要表达意见或想法，为讨论增加价值。他们需要知道，如果一个成员只会赞同其他成员，不表明自己真实的想法，那他就不必参加会议了，由他人做代表就可以了。

当你给团队充足的时间辩论后，不要耽误，带领团队归纳想法，整合思考和权衡最佳方案，作出最佳决策。然后要求大家，共同负责把决策付诸实施。

攻坚战队行为 3：提倡互赖

一个绝对不能接受的思维是：各家自扫门前雪，莫管他人瓦

上霜。

你的目的，是创造一支互赖的队伍。所以你要鼓励人员超越本职工作，主动为有需要的伙伴提供帮助，并以身作则，当他们有困难时你会撸起袖子，与他们一起干。

并且，鼓励他们敢于相互要求，包括对时效的要求，让大家都有同样的紧迫感。

团队人员并不是把自己的分内任务完成就了事，而是要帮助其他伙伴，确保团队共同达到整个项目的时效目标。

攻坚战队行为 4：拒绝偏见

人与人互动的时候，还有一个普遍的思维是：江山易改，本性难移。这个心态是人员不协作的借口。下决心，自己不带有色眼镜看待任何一位成员，也不接受成员以有色眼镜看待伙伴。不管成员是你招募来的，还是他人把他带进来的，只要他在团队里，你就要选择与他协作，用其所长、因材施教。有了你的榜样，团队会越发接受多元背景的伙伴，团队力量也会越来越强大。

以上的四个行为，说说容易，放在现时虚假协作方式盛行的工作环境里，开始却不容易做到。你要有决心、有勇气、坚持做下去。启动改变时，团队会不习惯，甚至怀疑你的动机。当你坚持下去，团队慢慢会感受到更务实与积极的工作氛围。当共同取得更理想的成果时，他们就会开始更愿意采用这样的协作方式互动，成为你的攻坚队友。新的习惯养成了，日后新成员加入，也会很快进入攻坚状态。

停下来，再想想，你的团队状态如何？你会从哪个行为着手，做出什么改变，来建立一支真正的攻坚战队？

建立了攻坚战队，你就有了本钱，成就有领导力的组织。下一步，是带领团队对组织发展的大方向有所了解并达成共识，让团队的人员清楚他们要攻哪里和怎样攻。

接着【分享 1】的话题，2000 年被任命为人力资源职能负责人的我，在打造企业整体能力的同时，也在努力不懈地提升 HR 团队自身的能力，以支持业务的迅速发展。下面分享一个经验。

之前提过，一直以来，百胜是由分布各地的市场负责经营管理。有一些后勤职能团队，在当地为一线人员提供支持，但会直接向上海的餐厅协作中心（RSC）汇报。市场 HR 团队，属于其中之一。

经历了几年的悉心培育，不管是 RSC 或市场 HR 团队，人员能力和体系都大大进步，相互协作力强，可以称得上是一支攻坚战队。企业一天天壮大，员工数量每年以近万计的速度增长，各地团队处理人事作业的产能，已达到很高的水平，平均一个 HR 伙伴能服务大约 800 名员工。

但是，接下来企业不断提速开店，将会面对每年员工数以万计的增加，如只按现有产能比例，不断增加 HR 人力，对运营成本、管理复杂度、效能提升、质量保证来说，都不理想。

经过审慎分析、调研和评估后，从降本增效的角度来看，我们应及时成立 HR 共享服务中心（Centralized Shared Service Center，CSSC），把那些重复性强的工作内容，如人事档案管理、劳动合同管理、薪酬福利核算与发放、社会保险管理等，从各个市场中剥离出来，在 CSSC 进行集中化的高效处理。

想法很好，但是新架构意味着各市场的工作团队要做大规模调整，有不少人员要面临转调，甚至下岗的可能。如果处理不好，人员的不稳定情绪也会导致不必要的人才流失，影响项目的进度和执行。

在推动项目时，我们决定不回避这个忌讳的话题，把问题想在前面。认真分析，考虑谁会被影响，他们的状况分别如何，从他们的角度进行有针对性的思考，包括支持这个项目对他们具有什么意义，我们可以做什么来协助他们日后的发展，等等。

我们意识到，有机会从零开始参与建立 CSSC，对于一线的HR 伙伴是个难得的宝贵经验。他们在参与的过程中可以有许多学习机会。例如，会学习到大型项目管理、了解不同市场的作业环境和方式，整合最佳流程等机会。这些经验对于他们长期的职业生涯发展，不管是留在企业，或去其他地方，都是难能可贵的。无论对组织还是个人，这些经验都是利大于弊的。

为了达成这个双赢的结果，我们选择主动沟通，确保一线的HR 伙伴对这个项目有清晰直接的了解，并为员工的职业发展答疑解惑。最终，伙伴们对 HR 组织变革表示支持与认同，也看到了变革对自身发展的意义。

接下来，所有人员齐心协力、积极配合，以使命必达的心态把项目有序地付诸实施。立项两年零一个月后，在 2015 年 9 月，百胜中国 HR CSSC 在武汉正式启动。

回顾这段历程，无论从人员还是组织的角度，这次的变革都是成功的。参与人员提升了更多领域的综合能力。在项目结束后离职的员工,也是抱着良好积极的心态,带着工作经验,继续在外发展;其他的员工顺利转调到武汉工作;或是他们的能力和态度,被企业内其他伙伴看中,提供了转岗机会。重组的 HR 攻坚战队以更优的 HR 运营成本(下降近30%)、更高的服务产能(提升 18%)和更好的服务质量提供服务。市场的 HR 伙伴不再需要分心在重复的人事行政工作上,有时间深入了解业务,成为业务的好伙伴。

1.2

共识的抱负和策略

不要做小梦，

因为他们没有力量撼动人心。

Dream no small dreams for they have no

power to move people's hearts.

——约翰·沃尔夫冈·冯·歌德

成功因素 2：共识的抱负和策略

从一个初心开始

每一个成功的事业，都是由一个或多个创业者成立的，他们建立团队，希望将理想或抱负付诸实现。团队能够有机会发展壮大，成为更有规模、真正有领导力的组织，往往因为他们想做的事业从根本上是对受众**有意义和有价值的**。

但成功不是必然的。随着时间的推移和环境的变化，取得成绩的组织，规模开始扩张，人员组合也会相应地改变，更新换代。如果领导层没有主动定时与团队沟通，人员不知不觉中对组织成立的初心和希望成就的深远意义会变得模糊，理解不一。慢慢地，他们制定和执行策略时就会产生偏差和不协调，甚至产生不必要的矛盾。

人员对组织的方向不清楚，他们一起工作没有同心协作的条件，就算具备很强的行动力，也是各走各的，一个向东跑，另一个往西跑，就像乱箭四射，团队根本无法发挥共同攻坚的力量。当团队规模变得越大时，就越笨重，需要推动变革时，困难重重。

要避免或逆转上述状态，你的首要任务是给团队指出明确的大方向，让他们清楚组织的愿景使命，确定要往哪里跑、往哪个方向发力、先攻哪里。还要让他们明白为什么往那里攻，引导他们加深对组织的愿景、抱负的理解，调动他们的动机，同频共振起来。人员齐心，其利断金。

是使命、愿景、意义，还是抱负？

不同的组织会采用一个单词或多个词汇来表达初心或长远目的。例如，有以**使命**（Mission）来说明该组织承担的重大责任；有以**愿景**（Vision）来描述期许达成的长远结果；有以**意义**（Purpose）来解释组织存在的深远意义；也有用**抱负**（Aspiration）来表述其远大的终极目标。

返璞归真，不是要咬文嚼字，而是要通过有效描述，使人员看清楚组织的长远方向，让他们牢记于心，并传承下去。

组织抱负

是指组织远大的终极目标，其中也可以包含其存在对受众带来的深远意义。

不管组织采用什么词语，作为领导者，你必须能为团队人员回答以下问题：

- 远看未来 10 年，组织能为受众带来什么？解决什么问题，或提供什么益处？
- 受众是谁？
- 组织希望看到什么具体成果、变革？产生什么影响？

停下来，就你所在的组织，思考你会如何回答以上三个问题？

先建共识，后定策略

如果你自身对上述三个问题没有清晰的答案，你必须厘清思路，向组织内的领导层或资深工作伙伴寻求答案，再与你的团队分享。

如果你是组织的最高领导人，发现人员对以上的问题没有清晰的答案，你要责无旁贷，牵头给他们厘清答案。然后从上而下做人员宣导，并定时定期重申。这就是建立人员**对组织终极目标的共识**。

给团队指明方向是你最重要的任务。方向正确，就算在攻坚时碰到障碍，人员采取应变措施时，也不会偏离目标。

达成共识，下一步便是制定相应的长、中、短期目标及攻坚的策略规划。

近些年，我有幸为一家中型集团提供咨询，在这里称它为 ACE 集团。该集团已有 20 多年经营历史，旗下不同的事业部门在行业内有着良好的知名度。

由于外部大环境的巨变，包括科技的飞速发展、新业务模式的进入、消费需求和习惯的改变、新冠疫情带来的不确定因素等，集团面临巨大冲击。同时，集团也面对内部挑战；人员对策略方向和企业文化概念模糊、团队的能力和执行力退步、相对老旧的管理方式、新老人员的协作力不理想，等等。

集团的大家长决定改革，启动新篇章。她明白要成功，首先要为团队厘清集团的大方向，清楚定义他们成功的目标，让大家对愿景达成共识。

我与她合作，引导领导团队进行一系列的反思和讨论。经过层层梳理，大家对企业抱负达成明确的认知，要"共同打造一个有意义并有影响力的事业"。在这个前提下，他们又为每个事业部门制定了单独的长远目标，来共同成就集团抱负。

团队有了大方向和使命感，推动变革就能顺势而为。

相得益彰的策略规划

先来谈谈策略。简单来说，**策略**是用来表达三件事：你希望赢取什么目标、为什么你要赢取那个目标、你对怎样赢取目标的设想。它不是天马行空或无中生有，而是向目标出发，基于经验和诀窍规划出来的。它是一个推论，所以不能保证你能获取百分之百的成功。但是，如果你的策略基于真正的诀窍，成功的机会将大大提升。

视目标大小，大策略可能要被分拆成小策略，分阶段执行。就如攻下一个地域，战队可能要先后占领某些山头。策略需要有连贯性和可操作性，让组织内各功能的人员协同付诸实行。

策略

是用来表达：你希望赢取什么目标，为什么你要赢取那个目标，以及你对怎样赢取目标的设想。

规划跟策略不同。如之前所说，策略是你对赢取目标的推论，无论胜算有多高，它都不是十拿九稳的。因为执行策略时往往会碰到一些不可预料的情况，你无法完全预估竞争对手、顾客和其他利益关系者的反应。所以，你不可以一成不变，而是要以目标为导向，在执行策略时，依据阶段性的成果，适时调整与优化，最终赢取目标。规划是按你的人力、物力、时间的预算安排的计

划。虽然也会碰到一些不可预料的状况，但规划者在大部分情况下，可以通过完备的计划和专业的项目管理，来取得理想成果。

规划
是按你的人力、物力、时间的预算安排出来的计划。

领导者一般将焦点放在对外的**业务策略**上。策略的目标，是如何赢取业务的各个财务指标、市场份额、客流量等。视组织的特性，它可以包括多维度的细分策略组合，如品牌建设、产品研发、科技、营销、市场推广、传播等策略。

然而，他们往往忽略了对内的**组织及人员发展规划**。只要求人力资源部伙伴把所需的人员招进来，请不胜任的下车，然后将组织架构按工作量和预算扩大或收缩。除非有特别情况，如企业合并、收购，设立新事业部或裁员时，才会聚焦讨论。

业务的成功和持续发展，是依靠有效和具有前瞻性的人员配备和组织构建而来。而且，组织的人才不单属于某一个功能，而是整个组织的重要资源。领导者，尤其是高层的领导团队，需要对组织架构的设计和整体人员的发展先有共识，才能有效调配并最大化这个重要资源。

所以，组织需要两套相辅相成的策略规划：

- **赢取业务目标的业务策略**
- **支持业务成功发展的组织及人员发展规划**

相得益彰的策略规划

是指实现业务目标和未来发展的两套相辅相成的策略规划。

业务策略（Business Strategies）

是指赢取具体业务目标的策略。

组织及人员发展规划（Organization and People Plan）

是指为支持业务发展的组织构建和人员配备规划。

现今市面上，有形形色色的业务策略方法论，你可以在组织的资料库、互联网或相关书籍中选取适合的加以运用，本书不再详述，这里会展开谈谈组织及人员发展规划。

组织、人员肩并肩发展

所谓谋事在人，成事在天。虽然成功背后有着各种可预估或不可预料的因素，但是最好的业务策略，没有合适的人员落地执行，肯定只是一个漂亮的白日梦。

作为领导者的你，必须提前考虑组织和人员规划。你要定期并有原则地思考，并要有前瞻性。不只是解决今天的问题、满足今天的需要，而是考虑到业务下一步发展时，为未来做好预备。

下棋看三步。为什么？因为人员的发展规划和管理是持续积累的。人才不是一个商品，买来就能用，不需要就拿掉。你需要的人员能力，不是愿意花重金招聘人才，他就能立即到位的。就是人到了位，也不一定能马上发力，需要有一个适应业务和团队的过程。

同时，组织架构需要依据组织的发展阶段改变，否则就不能取得最优的组织效能和最理想的规模效应。比如，有效运营100家门店、1 000家和5 000家门店需要的企业架构是截然不同的；只有线下实体门店的企业，在预备增加线上业务时，必须调整架构来支持新业务；服务单一市场的企业转变到跨地域服务多个市场，就不能用原有的组织架构。你必须想在前面，计划如何优化组织和提升人员能力，而不是被动调整。

简单举例，如果一个专员每月平均处理100份个案，当业务增长到200份时，增加一名专员就能解决，但业务持续增长至500甚至1 000份时，只按比例把人员数量递增，管理成本和复杂度会倍增，让组织变得笨重和低效，最后会抑制业务发展。组织的灵敏度在于你的前瞻力和及时推动变革的能力。

在此分享我多年来一直采用并证实是行之有效的一个完整的**规划框架**，来帮助你作出组织及人员发展规划。如下图展示，此框架由三大部分组成，相互联动：**业务方向、组织架构审视、人员盘点。**

组织及人员发展规划框架

首先，你必须由组织攻坚的大方向出发，这包含之前谈及的业务方向和分拆到相应团队的短、中、长期目标。

朝着这个方向，你再来审视你所负责团队的架构，是否具备实现目标的条件，策划未来一年如何及时提升团队效能。

本着同样的精神，由组织的最高领导人或人力资源负责人牵头，联合领导层成员共同审视组织整体架构，确认是否具备理想的协同效应来实现业务策略和目标，进而策划如何提升生产力，取得相应的规模效应。如调整组织架构、合并或增加功能组别、集中或分散管理、系统升级、流程优化、引进科技，等等。与此同时，按需要优化人才引进、保留和激励机制，推动变革的方案，来为实现中、长期目标作充分预备。

接下来，进行人员盘点，评估团队内个别人员的胜任力状态，规划人才发展，制订人员配置计划，确保合适的人被放在合适的位置上。尤其针对组织内每个功能、部门的高潜力人才和关键岗位人员，领导层共同规划如何发展他们的能力，延展他们的工作范围，部署他们未来的岗位，让他们为组织作出更大的贡献。还要按需要针对关键岗位，厘定接班人计划，确保组织能够持续良好运行。

有了完整的组织及人员发展规划，你下一步的工作是把它有效落实。本书的第二部分将具体介绍执行人员发展的工具和技巧。

喜乐汇

我曾以志愿者身份，参加了一个名叫"喜乐汇"的社会公益项目，该项目为支持社会企业而成立。社会企业有别于商业企业，它是为了解决某些社会问题而成立的，同时它又要有盈利能力来持续实现企业使命。

这个项目的发起人希望能在她管理的商场里，每月办一次公益集市，用摆摊的方式为社会企业或创业者提供一个相互交流的平台，展示他们的故事、产品服务，帮助他们实现目标。

一开始大家都热心满满，也得到很多志愿者和一些慈善团体的支持。但项目在成立一段日子后，总感觉有点不伦不类，像一盘散沙。我们花了很大力气在每月的筹备上，但离想要的结果仍有很大差距。商场里的客人只看到了热闹，以为是正常的商场周末促销活动。加上摊主们跟客人说故事的能力不一，有些摊主不能清楚地说明产品背后的意义，致使客人只在意产品的合意性，购买意愿一般。摊主们也因为要在周末投入额外的时间与精力来摆摊，当销售结果不理想时，热情就慢慢消退了。此外，摊主之间相互的交流也不怎么样。另一方面，志愿者的背景多元，每人有自己的想法、做法，能提供的时间和能力也参差不齐。

于是，发起人邀请我引导核心志愿团队，重新讨论项目目的和愿景，受众是谁，期待带来的成果和影响是什么。过程中，我为喜乐汇清楚地厘清了几件事情：

使命：造福社会、传递爱和喜乐；造就社会企业和关爱社会的创业者的成功。

受众：主要为社会企业和创业者，其次是慈善机构。

其他关键利益者：热心志愿者、志愿团体或企业、商场员工、顾客和租户。

策略方向：通过孕育、连接、传播来支持合适的社会企业和创业者，包括提供相关培训、平台展示他们的故事，鼓励他们相互认识、支持和学习，并运用实体市集，推动建设共享的社交媒体网络及其他传播渠道。

核心志愿团队对以上方向达成了共识，齐心发力，重新规划了每月活动主题和方法，对合适参与的受众和志愿者进行更精准的挑选和沟通，厘定专项支持的对象。

"喜乐汇"公益集市每月成功举办，连续 7 年。2019 年，项目发起人也因此获得所在社区和商圈的认同鼓励，获颁区级"精神文明建设十佳好人好事"奖项。

成为全中国乃至全世界最成功的餐饮企业　　分享 5

前面的分享提及，我在 1997 年入职 PepsiCo 的餐饮事业部的中国团队后，马上面对的是公司要把餐饮事业部分拆上市，成立百胜餐饮集团 Yum Brands Inc.（原名 Tricon Global Restaurants Inc.）的计划。

当时中国的业务在全球的业务里只担当了一个微不足道的角色。我的上司 Sam，给我一个任务，他希望借由这个契机，引导中国的领导团队认真思考这个改变对我们小小的中国团队意味着什么。

1997 年 10 月，在新公司成立之时，我们近 40 位高层管理伙伴，包括各市场经理和各职能负责人，聚集在上海，整整两天，关起门讨论。就面对的现状，检视我们的强弱项。朝远看，我们的机会和可能面对的威胁，探讨成功的关键并思考在未来可以成就什么。最后，所有人达成共识，并确定了中国团队的使命：成为全中国乃至全世界最成功的餐饮企业。

然后，由 Sam 牵头，定义什么是"成功"。我们一致同意，"成功"，就是要赢得以下四点：

- 顾客的最爱
- 关爱成员的大家庭
- 领先的市场定位

■ 最佳的利润

还记得当时伙伴们抱着怀疑又兴奋的心情，觉得这个宏愿似乎是一个不可能实现的使命，我们还是在起步阶段，要说做到全中国最成功，仿佛很遥远，还说要成为全世界最成功的餐饮企业，是不是在做白日梦？但是，这样的共同理想，还是让大家感到很兴奋，觉得这是踏向世界级企业的一个起点。我们要有决心，其他企业能做到，我们为什么不能？

那天后，领导团队就带着这样的使命感，从上而下给一线和后勤伙伴积极传递愿景，让所有人员都对大方向有了清晰的认识。

接下来，企业上下开始朝着共同的远大理想迈进。年复一年地，我们制定了开店、营运、企划的跃进目标和业务策略，有纪律地执行。每年团队领导会回顾人员规划，执行组织发展策略，不断提升组织能力，目标是打造世界一流的后勤职能队伍和运营团队。我们策划以倍数加速开店的时候，外界看到的是从一年开出不足100家店，转眼间提升至每年开出300余家，再转眼猛增到600家。到了2018年，也是我退休那年，企业已储备到可以每年开出1 000家餐厅的能力。

这种上台阶的开店速度背后，是组织上下齐心协力、年复一年和有纪律地做组织和人员发展规划，并予以落实执行的结果。我们同时也年复一年地对团队重申使命。全员始终明确知道，我们是在共同追求成为一个了不起的企业。

从当年我入职时的只有不到200家餐厅，两个品牌，10 000

多名员工，一个不起眼的业务单位，到 21 年后我退休时，企业拥有超过 8 000 家餐厅，五个品牌，40 多万名员工。带着有目共睹、令人难以置信的成绩，百胜中国从 Yum Brands Inc. 分拆出来，独立上市。团队共同实现了"成为全中国乃至全世界最成功的餐饮企业"的抱负。

2016 年，因应百胜中国马上要独立上市的契机，我再一次担当引导者的角色，与领导层重新探讨企业的现状和未来的发展机会。在我们是最成功餐饮企业的基础上，加入新的使命内涵："让生活更有滋味。"有滋味的含义，不仅是吃得有滋有味，也包括让每位企业接触到的顾客、员工和其他相关利益伙伴的生活更美好。带着更新的使命，团队士气高昂、上下同心地开启了企业分拆上市后的新征程。

1.3

有力的文化和架构

万丈高楼平地起。

——沈从文：《虎雏再遇记》

成功因素 3：有力的文化和架构

力量的来源

万丈高楼平地起。楼要建得高，地基就要打得深、打得稳。同样，要打造高层次的组织领导力，你要携同团队为组织打下坚实的根基。

那么，组织根基是用什么打下来的？人力？物力？财力？这些资源固然重要，但拥有丰足人力、物力、财力的企业，不一定是彰显领导力的企业。

具备真正领导力的组织，通常会拥有一股力量，让它们更有条件和魅力吸引最合适的人力来创造所需的财力、物力，来打造并巩固组织的根基，支持组织的健康和长远发展。人们可以从组织上下人员的言行举止中，感受到这股力量。想一想，这股力量是从哪里来的？

对了，力量的来源就是**组织的文化和正面价值观**。组织文化越强有力、越鲜明，正面价值观被越多的人员深刻认同，组织的根基就越坚实。

组织文化是指属于组织的独特个性和特质，涵盖组织人员共同认可拥护的价值观、信念和规范。你一般在与其人员交往时，会看到、听到和感觉到它。它也会表现在组织内团队共事的态度和言行举止中。

不同种族有不同的文化，组织文化也一样，不同的组织，哪怕处于同一行业、同一地域，也会有截然不同的组织文化和价值观。

组织文化

是指属于某个组织的独特个性和特质，涵盖组织人员共同认可拥护的价值观、信念和规范。它表现在组织里人员的态度和言行举止中。

量身定制核心价值观

正如人有自己的价值取向，指导着他的生活、行为和取舍，领导者也可以为组织定义**核心价值观**，指导人员的行事作业、互动方式和决策。例如，一个以"创新"为核心价值观的组织，会更主动投资在研发上，乐意试行新概念，并优先考虑有创新力的人员加入团队；一个以"执行力"为组织核心价值观的公司，会重视人员对策略的落地能力、产能和回应的速度，并设定明确的执行标准，领导层不会只停留于概念上的讨论。

人的价值观，往往是从他的人生经历中提炼而来，可以有正面和负面的。而组织价值观应该是为组织**量身定制**的。这些价值观能给人员赋能，来成就组织抱负，提升组织领导力。

同时，它们应该是**正面**的，让人员能从心里认同。正面的价值观是指有持久建设性、双赢的，有启发性、激励人心、推动学习和道德的。负面价值观与之相反，通常是我赢你输（Win-Lose）或双输（Lose-Lose），也就是把组织的利益凌驾于人员、行业或社会的利益上。

组织核心价值观

是指为组织量身定制的价值取向，用来指导人员的行事作业、互动方式和决策。

在此我分享一个实例。我近年曾经为一家生物技术公司，就其"创新药、铸健康"的愿景和"聚焦核心技术，引领全球创新"的使命，制定更有力的组织核心价值观，用以指导人员的协作行为。经过与领导层的讨论，最后定出五个核心价值，分别为"关爱、创新、行动、进取、成就"。"关爱"的对象是病患者、人员和合作伙伴；"创新"是追求突破性的创新；"行动"是指团队是敏捷、追求卓越、有诚信、有主人翁精神和紧迫感的；"进取"是指人员是有韧性的，愿意从成功和失败中不断学习；"成就"是指他们有志向在行业发

挥领导力，做同品类首创的项目并追求令人惊叹的成果。读完这段，相信你可以感受到，这些核心价值观并非泛泛之词，而是结合该公司的抱负和特性量身定制的正面价值观。

不要自欺欺人

人才选择加入并留在组织敬业乐业地发展，往往不只因为他们认同组织的抱负和策略，他们也认同组织的文化，并能真实感受到价值观在组织中运行。**组织文化没有对错之分，只有真实有力和虚假无力之分。**

虚假无力的组织文化就像自欺欺人的广告，顾客看到的和真实体验有着巨大的差距。公司的文化价值观漂亮地贴在墙上和公司网站上，但只有人力资源伙伴、公关伙伴和少数的领导者能说出具体内容。大部分人员不清楚来由，也解释不了这些价值观，从领导者身上看不到符合组织价值观的行为，更不用说人员日常是否体会到价值观的存在。最坏的是人员感受到的和贴在墙上的背道而驰。

当组织没有设定鲜明的文化，领导人员也没有把核心价值观身体力行，组织内每个团队的文化一般变成其领导者个性和风格的延伸。正所谓：上梁不正下梁歪。打造组织文化的关键人物是领导者，破坏它的关键人物也是领导者，破坏的速度还远远超过打造的速度，就如建造一座房子可能需要几年，毁掉它可以只用几小时。

正所谓：创业容易守业难。是的，随着业务规模的扩大、人员数量和层级的增加、团队组合的变化、领导者的改朝换代，一个不小心，原来强有力的组织文化会变得不伦不类，这个无形资源就起不了作用，组织的发展也会被抑制。为什么？

之前说过，创业时为组织定制的价值观是组织的根基。虽然这些价值理念应该与时俱进，但它需要搭建在原来创业成功的基础上，而不是随意更改。否则根基动摇了就不再稳固，要重新再来打造根基，才能在它之上建立新的组织架构。人员共事的理念含糊不一，做事原则和方法也自然会参差不齐。就算是志相同，但道不合时，不必要的矛盾就会有所增加，造成内耗。更糟糕的是，负面的我赢你输的价值观和不信任，会不经意地充斥组织，营造出不健康的氛围。无论组织的抱负多有吸引力，真正的人才会对它却步，或选择离去。

文化 = 黏合剂

真实有力的组织文化，是组织里无处不在的，它表现在人员的日常行为举止中。从上而下，人员不但随时可以说出组织的文化，还能以亲身经历来解释其内涵，告诉你，他们为什么选择在这个组织发展，并充满自豪。

例如，百胜有一个"认同鼓励"的文化，组织上下只要看到好的行为表现，就随时随地认同他的习惯，还常常会以创意的方式去做。当你走进餐厅，会看到员工身上有各种设计的小徽章，当你去问及这些小徽章的由来时，他们会清楚地告诉你，是谁授予他们的，他们为什么得到鼓励。在员工休息室，也会看到人员相互激励的贴纸或创意小海报。在办公室里，也有着各式各样的象征认同鼓励的有趣小装饰、小礼品。我曾经收到一只牛仔靴，是伙伴认同我"言行一致"（Walk the Talk）。

共享的组织文化是强力黏合剂。拥有强有力组织文化的企业能在无形中牢牢凝聚志同道合的人才，人员不但志相同，道也合。他们即使来自五湖四海，在不同地区的不同部门工作，但心里都认同组织价值观。他们能融入团队，与伙伴协作，也乐于做组织的大使、榜样，传承这些价值观。通过代代传承，组织核心理念和行为原则被不断巩固，人员越来越有默契和团结，组织发展基础也越来越坚实。当形成了一个良性循环，组织规模扩大时，组织文化就不会走样。

如果你是组织的高层领导者，请停下来想想，组织是否有清晰的文化和正面价值观？文化是否真实有力？价值观是否赋能人员成就组织的长远抱负？团队人员能否现身说法，阐明组织的文化和价值观？

如果你对上述任一提问的答案是"不"，建议你联合组织的其他高层领导和人力资源伙伴，把组织的核心价值观明确定义出来。你也务必发挥榜样的力量，从上而下持续进行推广，言行一致地把价值观"行"出来，让组织文化真正践行在团队里每个人的行为表现之中。

有了"共享的文化"这个强力黏合剂，组织根基扎实了，搭在上面的组织架构才会变得稳固。现在来谈谈组织架构。

与时俱进的组织架构

组织架构不能一成不变。比如，小规模的初创公司，麻雀虽小，五脏要俱全。团队要精练，一人可能要身兼数职。当业务扩展至中型企业，某些领域就需要更专业的团队来支撑，专人专责的架构应运而生。业务发展至更大规模时，为了不变得臃肿，影响生产力，组织架构必须要及时调整，以取得理想的规模效应。

有力的组织架构不但能匹配今天的组织所需，它还能够为未来做合理的预备。因此，组织架构能否与时俱进，在于你是否主动为未来作规划。

由于人员发展是持续的，理想的组织发展是连续的。如果你有持之以恒地做好上一章节谈到的年度组织和人员发展规划，每年有序审视组织架构，你就能掌握组织调整的节奏，为组织的发展作预备。

与时俱进的组织架构

是指匹配业务当下发展阶段并能为中、长期发展目标作预
备的架构。

当审视组织架构时，除了确保人员的分工组合能实现当下目标，你还要想在前面，思考未来一年内要启动什么调整，来提升生产力和取得更优的规模效应，以支持中、长期的策略目标。

理想的方法，是先看大，再看小。就是先审视架构，再审视人员。暂不考虑团队内个别人员，先从整体的组织架构开始分析。

回答以下问题，来帮助你全面思考。在未来一年内启动什么调整，来配合组织发展的需要：

- 架构是否健全？是否具备满足未来需要的功能？还是要建立新的功能组别？

- 功能组别的分工是否合适？某些领域是否需要通过分拆、合并、增加、减除，来提升专业度或效能？

- 层级是否太多或太扁平，是否需要调整，来达到更理想的管理跨度？

- 总的人力是否合理？生产力是否在最佳状态？（要注意的是：系统、流程的改造或升级往往对人力需求和生产力有较大的影响，必须列入你的考虑范围。）

- 架构内岗位的等级是否合理，是否能够匹配业务所需？

规划好组织架构的调整，下一步是把人员和其当下的胜任力情况加入审视。如需要提升，把它列入相关人员当年的个人发展计划；同时规划未来一年的人员配置，确保合适的人员放在合适的岗位。人员配置包括人员招募、调动、晋升和解聘计划。本书第二部分的2.4章节会深入谈人员配置。

有了坚实的组织文化基础，和为未来发展不断优化架构的坚持，接下来，你的任务是确保及时引入发展时最需要的资本：人才。这也是下一章节的话题。

接着上章节的【分享 3】，ACE 集团领导层在定立集团的抱负（"共同打造一个有意义并有影响力的事业"）后，马上启动确立集团的价值取向，打造企业文化。这对他们来说，至关重要。

集团规模不大，但人员多元化。有 400 多名员工，其中大约 200 人在总部工作，其他人员在一线服务。人员组合有初创时已加入的老员工，也有空降的专业高层主管，以及不同国籍、年龄的人员。高层主管在不同地点工作，很多沟通会议在网上进行。

创始人虽然在创业时制定了一些基础价值理念，但因为没有加以广泛传播，所以鲜为人知。随着大环境变化和业务领域增加，有些理念需要进一步优化，来成就新订立的集团抱负。同时，没有共同的语言和清晰的行为指引，来自各方的人员，自然会用各自偏好的工作方式和步伐节奏作业。中小型团队，按道理是敏捷的，却因人员理念不一，导致团队协作力未达理想。集团在重要决策上不容易取得共识，有时导致错失商机。人员也有无力感，要不另谋高就，要不就接受现状，满足于无功无过的业绩。

综合集团和旗下事业部的抱负，集团总裁连同领导层认真考虑后，决定由我来引导，重新确立团队共事的价值观念，帮助其实现打造有力的企业文化。

经过几轮探讨后，最后大家达成共识，定立七个核心价值元素的"集团之道",分别为:使命导向、以客为尊、创业进取、勇于创新、求知若渴、正直承责和坦诚合作,还为每个元素作了清楚的定义并建立相关的行为指南,以确保价值观落实到全员的行为表现上,如"创业进取"是指敏捷强韧,充满激情,自我驱动并有紧迫感;"正直承责"是指正直真诚,言出必行,对自己负责,也对社会负责。

其后他们作全员宣导,逐步在各级人员和作业流程中注入这些价值元素,鼓励人员作出匹配的言行举止。除了将"集团之道"列入新员工入职培训的必修课,在筛选应聘者时也会考虑他们是否具备相应的特质,以确保能快速融入企业文化。集团还更新了年度绩效考核机制,考核内容除了人员的工作交付结果,还加上符合企业文化的行为表现。

推动"集团之道"近三年以来,明显看到领导层的以身作则,将企业文化一步步落地,集团迈向健康发展的新阶段。

群策群力，百战百胜 分享 7

接着之前章节的【分享 5】，1997 年，Yum Brands Inc. 成为独立的企业后，从上至下非常重视企业文化的建设。美国总部一开始已经为企业量身定制了一套包含八个价值观的人员相互协作原则，称为"群策群力，同心同德"（How We Work Together，HWWT）。其后不断宣导巩固，Yum Brands 的企业文化因此一直在行业内闻名。记得 2004 年，名作家肯·布兰查德（Ken Blanchard）和弗雷德·芬奇（Fred Finch）以"为客疯狂"（Customer Mania）—HWWT 第一个价值观，命名了他的一本书，并采用了旗下品牌肯德基、必胜客和塔可钟的例子，讲述如何打造"以客为尊"的企业文化。

公司成立 10 周年时，参考中国团队的成功因素，原来的 HWWT 升级为"群策群力，百战百胜"原则（How We Win Together，$HWWT^2$），持守着拓业原则，植入了追求跃进的价值元素。

其后，百胜中国由 Yum Brands 拆分独立上市时，人力资源团队牵头为新公司制定了"共创　共享　共赢"原则（简称 $HWWT^3$），建于成功的基础上，引领团队成功过渡，运营一家独立的企业。

返璞归真领导力：40 年实战淬炼

群策群力，同心同德 HWWT（1997）	群策群力，百战百胜 HWWT^2（2007）	共创　共享　共赢 HWWT^3（2016）
为客疯狂 相互信任 认同鼓励 辅导支持 有责任心 贯彻卓越 积极主动 力争而合	相互信任 为客疯狂 追求跃进 累积诀窍 攻坚团队 认同鼓励	为客疯狂 创业创新 求知若渴 贯彻卓越 正直诚信 认同鼓励 相互支持 回馈社会

时至今日，拿过接力棒的领导班子在强健的文化根基上持续优化，促进业务的发展。

中国团队一直不遗余力地把核心价值观稳健地一步步推行。从1998年起，每年初由百胜中国CEO Sam牵头，我负责筹办一个名为"Winning Together"（群策群力，共赴成功）的活动，和各品牌、营运及功能领导人一起，走遍一个个市场，以寓教于乐的方式，和一线餐厅经理分享业务回顾和展望，宣导企业文化，确保一线每一位人员明白什么是我们的使命，学习怎样把价值观落实到自己的行为表现上。连续举办十多年后，因组织规模的快速扩张，人数倍增，我们改用了更多元的沟通活动方式。但是，把企业文化理念落实到每一位员工行为表现上的初衷，一直不变。

年复一年，团队上下，坚持不断地落实组织和人员发展规划。面对品牌数和门店数不断增加，我们一直及时调整组织架构，储备足够人才，来满足业务所需。确保每个品牌有它的独立运营和企划团队的同时，后勤职能不断提升产能，为多品牌提供更佳的共享服务。

深入人心的使命和价值观，配合着有力的不断优化的组织架构，将遍布在每个角落的成员，连在一起。无论外部运营环境是好是坏，这支阵形日渐庞大的攻坚团队始终上下一心，年年交出漂亮的成绩单。人员皆以企业为荣，充满热情地工作，与组织一同发展成长。

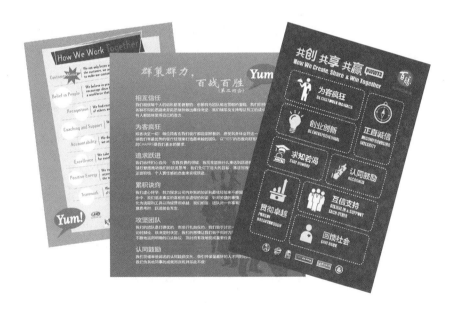

返璞归真领导力：40 年实战淬炼

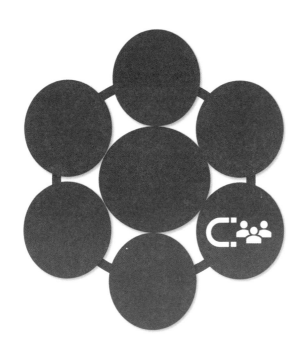

1.4

人才磁场

合适的人才，是你最重要的资产。

——吉姆·柯林斯

《从优秀到卓越》

成功因素 4：人才磁场

谁是"对的人才"？

建立了核心的攻坚队伍，达成了对组织抱负和策略的共识，量身定制了以价值观为发展的基础，看到了组织和人员发展的规划也有序进行，现在，是时候进一步扩大组织影响力，攻克更大版图了；是时候引进新的生力军来扩充攻坚战队了。

在思考如何引进人才前，你必须厘清一个大前提：什么是对组织最合适的人才？除了有匹配的专业技术能力外，组织究竟要吸引什么类型的人才加入进来？他们需要具备什么特质、个性或其他特征？你会如何描述**对的人才**？

哪怕行业相同，岗位类似，因组织定位及理念不同，所需人才的特质也会有差异。适合在 A 组织发展的人才，不一定适合并胜任于 B 组织。例如，一个乐于挑战现状、因地制宜的人才更适合在一家创业型组织发展。他不会适应在一家已经具备成熟有效的系统流程，只需要人员按步执行的组织中工作。一些在大型企业发展很好的人才，不一定能在家庭式企业或非营利性组织称职。

同时，为实现组织的长远抱负，你也要前瞻，不单考虑当下的需求。引入生力军，是为了让组织更上一层楼，因此你要想清楚，什么素质的人才，更有潜力跟上组织未来发展的步伐，能与你肩并肩打造组织领导力。

描述"对的人才"画像，可归纳为三个维度：**才智、品格和志向。**

才智

才智是指人才需要具备哪些专业技术能力、经验和潜力，能在组织里有好的发展。

它包括人才的硬实力，如行业特有的经验，专业认证资格等；软技巧，如沟通技巧、谈判技巧，人际关系和领导力等；以及能符合组织未来需求的发展潜力，如学习能力、领导潜力等。

品格

品格是指人才需要展示哪些性格和特质，来更好地融入组织。

每个组织都有其独特的文化和价值观。道不同不相为谋，人才必须能接受认同组织理念和价值观。比如，进取型的快销企业一般需要较活泼外向、快节奏、能够自我激励的人才；科研型组织，需要较稳重的、有耐性分析研究的人才；社会企业则需要有强烈社会责任心、有韧性的人才。

诚信、好学应该是每个追求成功的组织希望人才具备的两个基础要求。良好职业操守是组织的根本，好学的人员会主动学习，来跟上组织发展的步伐。

志向

志向是指人才本身所怀的雄心，能很好地匹配组织的抱负。

"对的人才"会渴望实践组织的目标和抱负。例如，企业的愿景是要在全球做大做强，其人员必须具备同样的企图心，期望在国际领域发展。而对一家专营细分市场的组织，合适的人才，就是要有意愿在这个细分市场做到独当一面。

对的人才

是指最适合组织当下以及未来发展需要的人才。他们具备
且展示了匹配组织需要的才智、品格和志向。

建议你按这三个维度，就你的组织描述一下，什么是对的人才？他们需要具备或展示什么才智、品格和志向？然后，把你的想法与组织内其他领导者或人力资源伙伴交流和校准。

有了清晰目标人才画像后，你就能有的放矢，规划如何吸引他们加盟。

组织是个人才磁场？

过去僧多粥少、求职者源源不断的环境已经不复存在，现今优秀人才的竞争不断白热化。人才选择众多。过去你只要花力气评选求职者，挑合适的人才聘用就可以了。当组织发展到需要更多更能干的人才加入时，如果没有比竞争对手具备更多吸引力的条件，招募人才会十分困难。这是近年来组织刻意打造**雇主品牌**的原因。组织在人才心目中的形象和定位，影响到人才对加入组织的意愿。推广为人才提供的利益价值，组织能在人力资源市场竞争中，获得人才的关注，吸引他们加入。

人才追求的典型利益价值

薪酬福利
- 薪酬
- 福利（医疗、保险、退休计划……）
- 其他组织、岗位专属福利

发展机会
- 个人发展机会
- 未来职业发展机会
- 组织发展机会

组织名望
- 组织声望
- 在行业的市场地位
- 组织规模
- 组织价值观

伙伴、氛围
- 领导团队声望、素质
- 同事素质
- 团队凝聚力
- 团队氛围、文化

工作、岗位
- 创新度
- 岗位影响力
- 岗位与个人兴趣契合度
- 工作地点
- 工作和生活的平衡
- 工作稳定度

返璞归真领导力：40 年实战淬炼

的确，要提升组织领导力，你需要有抱负，打造一个具有内涵的雇主品牌，让组织成为一个有自然吸引力的**人才磁场**，把适合组织未来发展的人才引进来。

雇主品牌

是指组织在人才心目中的形象和定位，它影响到人才对加入企业的选择。

人才磁场

是指组织是一个具备内涵的雇主品牌。它对适合组织未来发展的人才有着自然的吸引力。

何来吸引力？

知彼知己，百战百胜。吸引人才也是一样。

一般来说，人才选择加入一个组织，除了希望取得合理的薪资福利以外，还对其他方面也抱有期待。例如，组织能否给他们个人发展机会？岗位的工作性质是不是他们感兴趣的？组织在行业的声望是否理想？组织的文化是他们认同的吗？工作的地点是否对他们合适？等等。

从组织的层面，除了基本的薪资福利以外，也会有其他有形或无形价值提供给人员，不同程度地满足目标人才的期许。

如果你对目标人才的期许和求职的深层动机有深入的了解，

也知道组织实际能给他们什么，两者的交汇处，就是组织对人才的自然吸引力所在（见下图）。它是组织作为雇主，真实提供给人员的**职业价值**。

职业价值（Employee Value Proposition，EVP）

是指雇主真正能为其目标人才提供他们期许的利益价值内涵，也就是组织的自然吸引力所在。

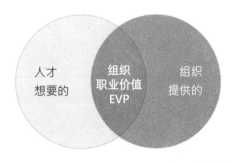

职业价值可以是有形的，如薪资福利、组织规模、工作地点等；也可以是无形的，如企业文化、组织的影响力、发展机会等。职业价值对目标人才越独特、越有意义、越鲜明、越多元，组织在人才竞争中就越能脱颖而出。

当然，你还需要与目标人才做有效沟通，在人力资源市场推广这些职业价值，来打造更强的雇主品牌形象，最大化人才磁场的作用。

不是一个口号

要牢记，真正的职业价值不是用嘴巴说说的，它绝对不能只是一个口号，而是每一位人员在组织中可以实实在在看到、触摸到和体验到的价值。

如果人才入职后发现货不对板，觉得对他们宣传的职业价值是虚假、没内涵的，很快便会流失。好事不出门，坏事传千里，是不变的定律。组织在人才市场的口碑下降，目标人才自然也会却步。因此，你必须带领团队，共同持续经营，使组织的职业价值说到做到，才能让组织成为真正的人才磁场。

建议你停下来想想——

你所在的组织，现在为人员提供了什么职业价值？

是否有效地在人力资源市场推广了这些价值？

目标人才被这些价值打动吗？

你能否创造对目标人才更具吸引力的价值？

这些价值是否真正落实在组织中？

当组织的规模扩大、踏入更大的版图时，你需要掌握下一个成功关键，确保团队能跟得上发展步伐。

2011 年，百胜在未来战略计划中提出，公司已经踏入高速发展期，预计在未来 3 年提速到每年至少要开出 500 家以上的餐厅。这意味着每年一线至少需要 500 支胜任的餐厅管理和服务团队支持营运，换算出来是数以万计的一线人员。其中餐厅经理更是带领每一家餐厅成功的关键人物，要满足每年开店的需求，考虑到人员培养、流动等因素，每年必须招募 1 000 名左右的储备经理。

出于对大环境人才市场的供需考虑，百胜一直是以全内部培养和升迁的方式来配置一线人员，因此，企业有一个非常专业的营运培训体系。当人员加入，成为储备经理后，他们会参与系统学习和实践不同工作站的操作，来掌握服务、物流、营销、财务、绩效等管理知识。人员通过考核后晋升成为餐厅经理，独当一面，带领 60 至 100 人左右的团队，管理每年上千万元营业额的生意。百胜创立的严谨培训体系曾被誉为连锁餐饮企业的"黄埔军校"。人才加入后，能从零开始，在预定时间内，培养成为胜任的餐厅经理。加速开店的挑战在于，企业能否提前把足够的、合适的、有潜力在企业发展的生力军招募进来，让他们适时加入培训体系，及时满足开店所需。

谁会是未来餐厅经理的最优人选呢？餐厅的工作与白领的案头工作是不一样的，人员既要能管控厨房的运作，又要直接面对消费者的各种需求。还有，从储备经理入职的人员，要具备发展潜力，能随着企业的发展担负更大、更复杂的营运管理工作。因此，百胜将目标锁定在工作经验尚浅的大学、大专毕业生群体。他们年轻、有热情、有干劲、有学习能力，也希望在企业持续发展，成就他们的职业生涯。

锁定了目标人群，接下来我们通过一系列的调研，收集目标人群对餐饮行业的看法、对理想雇主的期望、个人求职的动机和偏好等信息。同时，我们还做了内部焦点调研，访谈餐厅经理、储备经理、储备经理候选人及其老师和父母；用外部问卷调查了全国共 50 所大学的毕业生，以及媒体和行业协会的想法。最后整理出百胜对于他们的职业价值。

从调研结果中我们提炼出百胜能满足目标人才的三个独特职业价值。

一是个人成长的机会：他们希望能够找到一个好的雇主，在那里有所学习；不只是做重复工作，而是在工作中不断成长。百胜专业科学的营运培训体系在业内闻名，且人员在餐厅工作也会不断累积实战经验。

二是职业发展的机会：他们期望雇主能提供他们职业发展的机会。他们不愿意长期停留在同一个工作岗位，他们的理想是有机会先于同龄人，更快成为未来的商业领导者。在这方面我们的职业价值更是鲜明，尤其针对营运人员，企业选择全内升的通道，有清晰透明的职业发展蓝图。

三是我们的企业文化：他们更乐于加入一个以人为本、有活力的团队，能和有热情的年轻伙伴一起共事。百胜的企业文化是他们喜欢的，餐厅的人员都是年轻伙伴，有相同的兴趣爱好，沟通起来是愉悦的。

接下来，百胜就这三个职业价值，以"百战职场，胜在起点"的主题，对目标人才在校园招募时做深入介绍，并为学生们制定了就业指导手册。清晰有效的职业价值，让我们成功达成每年的招募目标，吸引合适的人才加入百胜大家庭，同时进一步巩固雇主品牌。

喜见许多当年加入的储备经理，成为企业持续发展的中坚力量。他们不断成长，有些人才更晋升为市场的领导者或企业内的高层领导者，实现了组织对他们的职业价值。

1.5

能力促进器

昨日的我不足以面对明天。

Who we were yesterday is not

going to be enough tomorrow.

———约翰·奥基夫

成功因素 5：能力促进器

善用今天来成就明天

随着环境改变的速度不断加剧，顾客和其他相关利益者需求的迅速变化，加上人工智能科技的不断进步，如果组织的能力不能与时俱进，未雨绸缪，很快就会被淘汰。今天的成功，不一定能保证明天的胜利。因此，成功的组织，需要一个持续运行的引擎，来不断提升组织能力以应对挑战和迎接新机遇，它必须是一个**能力促进器**。

让我们先谈谈**组织能力**。很多人认为组织能力就是指人员能力。只要人的能力到位，便成功在望。的确，没有人员就没有组织可谈。进一步，人员没有匹配的胜任力，就算有最伟大的理想，都只是在做白日梦。所以，人员的胜任力越匹配，成就组织领导力的机会越大。

但是组织的成功发展不能只靠招聚能干的人，组织还需要具备有效的系统和流程的能力。在同一规模、同一行业的不同组织为顾客做同一件事，A 组织 2 天能做到，而 B 组织需要 10 天才达成，则 B 组织在行业内的地位当然会被大打折扣。还有，最能干的人员如果每天只依靠无效率或无章法的系统流程作业和做决策，在这样事倍功半的环境工作，好成绩是出不来的。这样的情景，在组织的发展中屡见不鲜。

当组织的规模还小的时候，只要几个人办事，团队有默契就好了，不需要什么系统流程。一旦组织崭露头角，业务就随之提升，人员数也有所增加。如果系统流程不匹配发展需要，提前或同步做升级，过渡到更优的规范，就会碰到人员协作和效率的问题，抑制发展势头。

组织能力（Organization Capabilities）

= 人员能力 + 系统能力 + 流程能力

促进组织能力，包括但不止于提升各层级人员的胜任力，需要提前调整系统和流程。组织能力直接影响组织面对未来的敏捷度，是成就组织领导力的本钱。

> 停下来，评估一下你的组织能力状态，思考在哪方面需要投资、建设或优化来支持业务未来的发展。

明天的胜利，来自今天变革的启动。

打造"至为关键"的能力

不管一个人多有天赋，他的诸多能力，都不是与生俱来的，而是通过学习，加上刻意练习，在实践和经验中积累而来。同样，组织能力绝对不是组织与生俱来的，也绝对不是只靠创业的概念有多棒、策略有多精彩就能实现，而是通过创业者或领导者带领人员有序经营和提升而获得的。

作为领导者的你，需要从未来出发，思考组织人员和体系流程需要哪些**至为关键的能力**来执行策略并达成业务中长期的发展目标。一些常见的组织关键能力，包括客户洞察力、策划能力、决策力、创新力、生产力、领先或行业专属的科技能力、项目管理能力、人才管理和发展能力、应变或危机管理能力、数据分析能力、企业文化传承能力、执行力和协作力。

厘清后，你要为未来的成功作预备，坚持不懈地找到缺口，予以补足或加强。有针对性地引入体制，优化流程，培育和传承人员的相关胜任力。

至为关键的能力（Mission Critical Capabilities）

是指为成功执行组织策略，达成中长期发展目标而不可或缺的组织能力。常见的包括客户洞察力、策划能力、决策力、创新力、生产力、领先或行业专属的科技能力、项目管理能力、人才管理和发展能力、应变或危机管理能力、数据分析能力、企业文化传承能力、执行力和协作力。

一个组织要补足或加强所需的能力，不外乎三个 B：Buy，Build，Borrow（买、建、借）。

Buy（买）就是从外部把所需的能力买进来。比如，招募相关专业人才加入组织，或购入第三方的系统来使用，就是最直接的例子。这种方法通常是用于组织当下或短期有需要，但内部欠缺的能力。

Build（建）是指在内部建立所需的能力，如通过人员培训，或为组织量身设计和建立的系统流程。这种方法需要时间来执行。它最适于建立组织至为关键的能力和期望保有专利权的能力。

Borrow（借）是指暂时借用其他外部力量，来快速补足所需的能力，支持业务当下需求。一个典型的例子，是邀请顾问或专家来参与项目。使用这种方式的原因，通常是组织急需某些缺乏的专业能力，但又不需要长期使用这些能力。同时，在时间、人力、物力和资金的投资回报方面比前两个方法更优。组织也可以通过这种方式，提升内部人员的眼界。

停下来，针对组织的发展目标思考一下，哪些是你组织至为关键的能力？然后连同其他领导层伙伴，聚焦思考如何把这些能力提高一个台阶，为未来发展做更好的预备。

重中之重——人员能力

人员能力是组织持续发展最重要的资本。胜任、专业、与时俱进的人员会推动变革,自动自发搭建更优的系统和流程。所以,你需要优先为组织营造激发人员成长的氛围和累积诀窍的习惯。以下内容和第二部分2.2章节,将侧重谈如何促进人员能力的成长。

想一想,如果组织里每一位人员都求知若渴,自我学习求进步,那是多么积极的氛围。可惜的是,当我们谈到学习,在职场往往会听到类似下面这些声音。

- 员工说:"没时间!"

团队日常的工作已经忙得不亦乐乎,组织就是安排了培训课程或学习活动,他们也无心参与,就算难得参加学习活动时,也总是被某些紧急事务打扰。

- 员工说:"没培训预算!"

他们或会说"老板没让我去参加那个研讨班";"上司只叫我做,又不教我,我怎么会呢"等类似的话。现今低成本的学习途径多种多样,只要有心就随手可得,但人员不以自己在工作上的成长为己任,而是听从上司和公司的安排。

- 老板说:"培训投资没回报!"或是:"钱花了,人员就是没长进。"

有些组织乐意投资在声誉好的培训项目上,提供人员多种学习的机会,甚至为资深人员寻找有名气的辅导老师。但是钱和时间都花了，人员的改进却不痛不痒。为什么？常见原因是人员自己不觉得要学习，看不见有什么需要改进。就是学了，他们回到工作上依然故我。有句话说得很好："只要学生准备好，老师就会出现在眼前。"（When the student is ready, the teacher will appear.）不想学的学生，是看不到、听不见老师教导的。就算有最棒的老师，也起不了作用，或可以做得非常有限。培训投资发挥不了功效，人员能力也上不去。

- 老板说："上什么课，听我的就是了。"

上司觉得自己的能力和经验比其他人强，以"一言堂"的方式带领团队，无心听取其他人的意见，更不用说请教别人，不知不觉中落伍了自己也不知道。但是下属的眼睛是雪亮的，要不另谋高就，要不就变得麻木，团队能力的成长速度因而受到了限制。

你或会听到其他类似的声音。重点是，你要明白，促进人员能力的成长存在多种障碍。

要克服障碍，成为真正的能力成长促进器，你需要带头为组织塑造一个爱学乐教并学以致用的工作氛围。

如何做？两件事：一是为人员培育有力的学习心态；二是为组织设置累积诀窍的机制。

培育有力思维

就我过去多年打造组织领导力的经验所得，有两个非常**有力**

的学习思维：**主导自我发展思维和成长思维**，如果你以身作则，用心推动，就能促进组织人员的能力成长。同时，真正的人才也会乐意采纳这种学习思维。

有力的学习思维
主导自我发展思维；

成长思维。

---

1. 主导自我发展思维

要促进人员成长，首先要在团队里落实**主导自我发展思维**。你需要向人员明确说明，学习是自身的重要责任，他们要对自己成长的目标负责，把落实行动计划视为己任，而你的责任是通过辅导，协助他们成功。

真正的人才不希望停滞不前，他们有不断学习的自驱力，希望持续成长。但离开校园出来工作一段日子后，学习就不再是他们的首要任务，而是将时间优先放在工作目标和生活的其他事宜上。学习成为次要，只是在业余有空、有力气时才做的事。

你要对他们的学习提出具体要求。与人员订立年度工作目标一样，你要与他们一起订立对组织和对他们本人有意义的、具体的年度个人成长目标，然后在日常进行阶段性评估与辅导。人员明白了你对他们的期许，会更积极主动学习。同时，为了协助他们成长，你还要就他们的成长目标指出学习途径。你可以在工作上提供应用平台，计划合理的学习时间（注意不要在他们学习或上课时随便且任意打扰）。当然，在学习过程中和学成后你要给予适时适当的认同，鼓励他们不断提升个人成长目标，创造学习的良性循环。

本章节末的分享，是一个推动主导自我发展思维的真实案例，供你参考，希望对你有更多启发。

2. 成长思维

成长思维（Growth Mindset）由卡罗尔·德韦克（Carol S. Dweck）博士在《终身成长》（*Mindset*）一书中提出。拥有成长思维的人，相信人的智商是能被开发提升的。与成长思维相反的是固化思维（Fixed Mindset），拥有固化思维的人相信每个人的智商有先天的局限性。

拥有固化思维的人，总会觉得他在不同的情景下，都要表现得有智慧。所以，他会尽量避免挑战，遇到困难时容易选择放弃。如要花时间精力做一些事情时，会觉得是浪费时间，而当看到他人成功时，他会觉得被威胁。

相反，拥有成长思维的人，碰到挑战，他会迎难而上，有困难时他会坚持。当要花时间精力时，他觉得这是成为专家的必经之路，看到他人有成就时，他会觉得被启发。

有固化思维的人往往是固执和不能尽展潜力的。而有成长思维的人会觉得他被赋能，能取得更大的成就。

在我看来，成长思维是一个非常有力的思维。可是，我们在工作场所，常常看到的是固化思维的行为表现。为什么？

人在年轻或事业起步时，一般都是进取的，但在小有成就后，开始容易觉得自己比别人更懂，经验更多，又或者因为害怕失败，就在不知不觉中，走进固化思维的行为模式。

要促进人员成长，你要刻意在团队中培养成长思维。你要做榜样，展示出相应的行为带领团队，更要在团队中倡导，不断提醒和鼓励团队在工作和生活上采用成长思维模式。

固化思维与成长思维的区别

学习是无止境的。你可以想象，如果组织的人员都拥有以上两种思维，每位成员的潜力将会无限释放，团队会变得锐不可当。

学以致用——

思考一下你所带领的团队此刻的学习心态。你会如何推动**主导自我发展思维**和**成长思维**来促进他们成长，并为组织打造至为关键的能力？

建立累积诀窍机制

诀窍

先来说说什么是诀窍。用它的英文描述 Know-how 更容易理解。Know 就是知道，how 就是怎样做。

在这本书里说的诀窍是指你虽然还未做过某一件事，但通过各种学习来不断掌握必要的知识和**真正的诀窍**，让你有七至八成的把握能够把它成功执行。引用我的前上司苏敬轼在《正路》说的，真正的 Know-how 是"还没做就知道会有效的知识"。

真正的诀窍（Know-how）

是还没做就知道会有效的知识。

机制

促进员工成长，你要做的另一要事，就是用科学精神，针对组织至为关键的能力，不断累积真正的诀窍，扩充员工的关键知识。你可通过制定有效机制，传承诀窍，提供给员工使用。这样，新进或较资浅的员工无须从零开始，可以快速成长。员工也可以把新的洞察和关键知识、经验继续扩充已有诀窍的基础上。

制定机制的方法多种多样。比如，运用最传统的方式，把最佳实践经验编制为工具、工作手册、模板或视频等；又或者利用现代科技组织数据、知识库，建立内部知识管理与分享平台，结合业务和分析来加速诀窍的积累。

注意：你需要运用科学精神设计和建立知识共享平台。投放在平台上的信息数据要有效，它必须是对员工有用的。否则就是浪费搭建平台的资源和大家的时间。同时，你要确保平台对使用者是友善的，方便员工及时上传关键信息和快速自学应用，这样才能让员工愿意使用，慢慢养成习惯，保持不断累积诀窍的初衷。

习惯

说到习惯，就是不管晴天雨天，每天每周会重复去做的事，而不是想到或有需要时才去做。针对某些你团队不太懂，但又对业务的未来发展有帮助的 Know-how 专题，你要带头培养大家每天学习的习惯，善用知识共享平台，累积和分享诀窍。

　　能否最大化员工的能力，在于他们对组织的投入度。另一个你要掌握的成功关键，关乎员工的工作动机。

2005 年，百胜中国已踏入快速发展期。为了配合快速开店，企业需要全面提速培养员工，一方面为企业储备领导人才，另一方面让员工在更重要的管理岗位上，敏捷高效地提升生产力。因此，由人力资源团队牵头，全力深化"辅导支持"的企业价值观，目的是快速释放人员潜力，让员工在百胜工作的同时，进一步迈向他们的事业巅峰。

项目之初，我们将工作重点放在提升管理者的辅导能力上，因为观察到他们虽已具备必需的技术能力，但在个人成长必要的"软能力"上提升空间巨大。这些软能力包括沟通、辅导和领导能力。

在推动项目的过程中，我们了解到，员工虽然很努力执行工作，但当被提拔到上一级的领导岗位时，会习惯性用过去的工作方式干活和指挥下属，意识不到有必要提升自己的软能力，来带领更大、更多元的团队。我们得出的结论是：如果只是用"推课程"的方式让他们学习辅导技巧，作用不大，他们回到日常工作中，还会沿用原来的习惯，不一定会把技巧好好用上。

于是我们换了个思路，从观念入手，打造一个"主导自我发展"的理念，让员工对自己的个人发展负责，通过提升自我认知，来提高主动学习的意愿。

我们设计了一个"蓄势待发，操之在我"（Get Ready to

Learn）工作坊，要求全员参与，自上而下。工作坊旨在帮助员工自省，建立自我发展目标和策略，并提供自我辅导工具与方法。参与者学成后，都有一个清晰的目标以及可以改进的方向和具体行动，知道责任来自自己，知道如何自我驱动个人发展。

在做了"主导自我发展"理念的全员推动后，管理者也充分认识到，他们作为辅导者的重要性和存在的不足。这时，我们再从主管层级推广"高效能辅导"课程，手把手教他们有效的辅导技巧。管理者抱着提高自身领导能力的意愿，乐于学以致用，共同打造了提携他人成功的氛围。下属们也受惠于辅导，能够朝着个人发展目标成长。最终成功创造了一个"学的好学、教的乐教"的理想闭环。

随后，我们还将"主导自我发展"理念与绩效管理流程相结合，包括每年初给员工订立工作目标时，员工主导订立个人发展目标，并列入考核范围。在年中，员工也会制订个人发展计划，从而更积极主导自我发展。在日常工作中，主管给予及时的、有针对性的辅导。卓有成效后，我们又推出了启导计划（Mentoring Program），提供途径让高潜力员工向跨部门的启导者（Mentor）学习，扩大视野。

一连串的行动把良好的学习文化落实在企业中，"主导自我发展"和"辅导支持"也成为习惯，企业快速发展的员工引擎也从那时开始全面有效地启动。

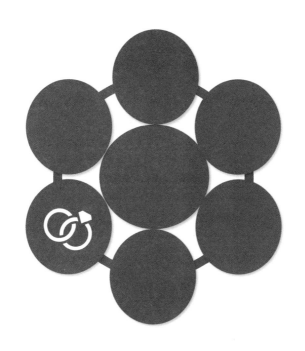

1.6

有意义的参与

用心培养他们成才，

以至他们可以随时另谋高就。

用心善待他们，

以至他们不想离开。

——理查德·布兰森

成功因素 6：有意义的参与

创造双赢

这句话一直是我的座右铭："用心培养他们成才，以至他们可以随时另谋高就。用心善待他们，以至他们不想离开。"（Train people well enough so they can leave，treat them well enough so they don't want to.）

这是真智慧。但是在现实工作环境中,达到这样的境界不容易。有能力的人才，往往有更多的职业选择，机会来了，他们是否真的会选择留下来，永远是个问号。

你若有决心成为优秀的领导者，成就有领导力的组织，需要迎难而上。如果你做好上一章节所覆盖的内容，用心促进员工能力发展，就做好了这句话的前一半，创造了组织成功的机会。接下来，是如何用心善待他们，让人才从心底里选择留下来，跟你和团队一起打拼。

我的经验是，用心善待他们，绝对不是指让员工把个人利益放在组织利益之上，而是用心为员工和组织**创造一个双赢的工作环境**。就是说，你一方面要关心他们的内心世界，尤其是他们追求的职业价值、工作动机和需求，协助他们从工作中取得满足；另一方面要求员工努力达成工作目标，贡献于组织，组织的成功也是他们的成就。你要带人，还要带心。

面对组织的发展，时代的改变，不断成长的人员所追求的职业价值、工作动机会随之起变化。

要判断团队的心理状态，可从以下几个方面进行观察：

- 他们日常是否对组织有正面评价？

- 听闻外部的工作机会时，他们会否轻易动摇？

- 面对挑战时，他们是否全力以赴？

- 他们能否清楚地表达工作对于他们的意义？

如果以上的答案都是正面的，恭喜你！说明人员全心投入，正在积极参与共同的事业。如果答案不理想，你要认真下功夫建立一个让团队觉得值得他们投入、参与、双赢的工作环境。

巩固有价值参与的基础

说到巩固"有价值参与"的基础，做好之前几个章节谈及的内容，就是基本功。

比如，我说过组织文化是一个黏合剂，如果你用心招募志同道合、有共同价值观的人才加入，团队自然会有默契，联手争取共同的抱负和理想。取得成果时，人员视组织的成功为个人的荣誉。碰到困难的经营环境时，作为攻坚战队的一员，不会轻言放弃、离队友而去，而是会努力共求突破。当然，你必须先以身作则，把组织的价值观在日常工作中实践出来，才能要求人员也一样，建立一个大家认同的协作环境共事。当组织文化与价值观在组织里能生机勃勃地展现，人员的向心力自然不断被巩固。

又如，就前面 1.4 章节介绍过的职业价值，它们不仅仅是用来吸引目标人才加入，也是人才留下来发展的重要原因。因此，把这些职业价值落实在日常工作中，是你创造双赢的基本任务。

因人而异

当然，每一个人员都有其个别、更深层的工作动机和需要。他参与工作的动力，来自相信他的需要能在组织里被满足。要创造双赢，你就要对人才保持关心和理解。

不难发现，组织内的精兵强将、具备潜力与你共同打造组织领导力的人才，大多数不只是为谋生而工作，他们会更重视工作对他们的意义，以及他们的贡献是否对组织有意义，甚至对社会有意义。

怎样解读工作对人员的意义？有一个故事你也许听过，我还是在此再说一遍。

一位智者在路上看到三个石匠在干活，好奇地问第一位："你在干什么？"他回答："我在打工赚钱呀！"智者往前走，看到第二位石匠，问同一个问题。他回答："我在打磨这些石头，确保它们的尺寸和角度均匀，能稳固又悦目地展现在建筑物上。"他打磨出的精致石头，的确给智者留下深刻的印象。接下来，智者对第三位工匠提出同样的问题："你在干什么？"这位工匠回答说："我在建造一个城堡，它将是一座壮观的城堡。"

智者把他的所遇跟学生说："对第一个石匠来说，工作的动机明显是赚钱，因此，他是最容易被满足的，他不会浪费时间做没有金钱回报的事，也会以最高的效率干活来多赚钱。他对工作没有太多期许，也不会以他的工作为荣。第二位石匠拥有工匠精神，是一位专业者。他的工艺将会驰名全城。说不定他很快会拥有自己的石材雕刻生意。第三位是一个梦想者，我从他的眼神里看到了热忱。说不定有一天，他会拥有自己打造出来的城堡。"

故事很简单，但说明了同样的工作可以赋予不同的人不同的意义。相同的工作，对某些人，工作对他们的意义是谋生赚钱；对另一些人，工作的意义是让他们成为某一领域的专家；还有对一些人，工作是实现个人理想的途径。

打造组织领导力，是一个巨大工程，你尤其需要第二种和第三种工匠类型的人才，在组织里长期和你一起打拼。

有意义的参与

是指人员竭力把任务付诸实现，因为他充分体会到该任务
对他个人和对组织的意义。

加深了解，加深联系

你要从他们自身出发，深入了解他们的理想和动机。一个简单的方法，是找机会邀请员工，公开分享他们在工作中印象深刻又对他们有意义的经历和故事，不管是顺境还是困难的时刻。用心聆听，你会从中找到线索。

日常辅导中，你也要让他们明白所负责的任务对组织整体的重要性，务必连接到对他们个人发展的意义，点出直接关系。千万不要假设员工都明白，尤其是在处理问题时或做员工调动时，多沟通更为重要。

不管任务多简单或多困难，当人才明白了缘由，以及他们担负的任务对组织成功和个人成长的关系和意义，他们更愿意发挥主人翁精神，全力参与。在此你可回顾 1.1 章节的【分享 2】，它是一个组织改组时，建立"有意义参与"的案例。

有难同当，有福当然也要同享。你必须让人员觉得成功是共享的。完成任务你必须适时适当地认同鼓励，真诚地认同他们的功劳，让他们充分体会到他们对整体项目成功的贡献，能以此为傲。他们的成功是你的成功和组织的成功。这就是创造双赢。

想想，你对你团队的人才有多了解？他们会如何表达工作对于他们的意义？

带着这些理解，你会如何为团队创造双赢的工作氛围？

　　本书第二部分的2.5章节，会进一步谈谈如何保留和激发人员。

　　　　　　　　　　　　返璞归真领导力：40年实战淬炼

主人翁精神 分享 10

前面的分享中，我提到过当年在百胜，餐厅协作中心的领导层会每年为一线的餐厅经理组织一个名为"Winning Together"的活动，以寓教于乐的方式宣导企业文化。除此以外，很大一块内容是回顾和展望组织的工作目标。

多年来，我们一直坚持这样做的原因是，随着组织规模变大，人员数不断增加，一线人员开始觉得他们只是组织分布在各个角落的一颗颗小螺丝钉，不清楚自己做得好或不好对企业整体有什么差别。然而，企业的成绩是由每一家运营卓越的餐厅合成的，每一位餐厅经理的贡献将直接影响企业的成果。他们有主人翁精神，才是成功的关键。

本着"当你知道越多，你关心越多，你的主人翁心态就越强"（The more you know，the more you care，as a result，the more you own）的原则，我们需要与他们做更多的沟通，包括由企业的最高领导层与他们面对面讲述，公司去年做了什么、业绩如何，哪些地方我们说到做到，哪些方面我们需要共同更进一步，未来的发展方向在哪里，具体工作目标又是什么。

这样做的目的，是让他们知道，不管在天南地北，企业的执行节奏与质量标准是一致的，也让他们清楚地看到，他们的贡献在哪里，看到企业发展与他们个人职业发展的关系和意义。

只靠年度沟通，绝对不够。由于当年的网络媒体还没有今天这样发达，除了一些日常的工作沟通会议外，我们还为一线员工设计了一本名为《百胜纵横》的员工刊物。它不同于一般的刊物，只是放放照片和活动，而是以专题的形式，定时为他们作真实报道，让我们的一线员工清楚理解后勤职能的作业状况和挑战。做得好的以及要改进的，都会在刊物中报道。这既增加了透明度，又提升了一线与后勤的相互支持。随着科技的飞速发展，沟通方式也在不断迭代，但沟通的初衷始终不变。

另外，我们每年还特别为全国的餐厅经理筹办内容丰富的盛大年会，他们会作为年会的贵宾出席。我们亦会对杰出贡献者加以认同鼓励，庆祝当年共同获取的成绩，让他们以企业的成就为豪。时至今日，相信你问及任何一位曾任百胜餐厅经理的人员，他们都能描述出对参加过的年会的精彩感受。

日增月益，一代接一代，百胜餐厅经理们的主人翁精神一直是强的，他们以能够与公司一起发展为荣，企业也以他们为傲。

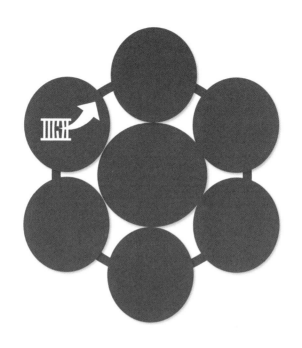

1.7

跃进式的目标与行动

预测未来的最好方式是创造未来。

———彼得·德鲁克

成功因素 7：跃进式的目标与行动

标杆定多高？

正如这部分开始时引用我前上司、百胜中国餐饮集团前首席执行官苏敬轼的那句话："若要成就一个了不起的企业，我们要拒绝随波逐流，拒绝平庸，拒绝接受马马虎虎的成绩。"一个彰显领导力的组织，不会只在原地踏步，满足于普普通通的成绩，而是在成功的基础上，挑战更高的台阶。

要让你的组织发挥更强的正面影响力，成就深远的意义，你必须有胆识、有决心，带领团队，不断向前看、向远方看。现在，你要启动最后一个成功因素，追求**跃进式的目标与行动**，进一步释放组织和人员潜力。

认真想想，在未来三年，你为团队定下了多高的标杆？什么是团队的中期目标？你觉得所定的是"跃进式"的目标吗？如果达成这个目标，则意味着来年组织真正上到一个更高的台阶吗？

跃进，不是渐进

我先把**跃进**这两个字定义清楚。相对于"跃进"是"渐进"。

"渐进"是指一步步前进与发展，每年一点点递增式的进步。这里引用我比较熟悉的有关企业开发新餐厅的例子。众所周知，开一家新餐厅不是一件易事，需要组织内外各个相关利益者的通力合作而努力达成。如果过去几年，一家企业开了100家餐厅，今年有进步，开了120家餐厅，来年再定个开130家餐厅的目标。以我看来，今年获得的是"渐进"的结果，来年所定的是"渐进"的目标。

"跃进"是指跳着向前进，极快速地前进，上台阶式、突破式的跨越。相较前面的例子，这家企业在过去几年开了100家餐厅的基础上，今年开了300家餐厅，在保持这样的节奏下再提速，为后年定个双倍、开600家餐厅的目标。我会说这是"跃进"的结果、"跃进"的进步、"跃进"的目标。

这样的"跃进"目标是异想天开吗？有可能实现吗？

答案是可能！

以上是个真实的例子。当年在百胜就有过这样的讨论。当团队以每年比竞争对手更快速地开出更多餐厅时，成员都已觉得很了不起。这个时候，老板Sam竟然挑战我们，要达成每年开300家餐厅的目标。当时所有人都觉得有点不可思议。但一转念，回想到我们共同的抱负（成为全中国乃至全世界最成功的餐饮企业），同时也看到市场存在的巨大潜力，团队决定上下齐心，朝着这个跃进式的目标前进。

有想法，必须加上做法。爱因斯坦说过："精神错乱是不断重复做同样的事情，但期望不同的结果。"（Insanity is doing the same thing, over and over again, but expecting different results.）如果过往的成绩是渐进的，沿用原来的方法做事，当然不会取得令人惊叹的成绩，哪有凭空就从天上掉下的馅饼。既然定了跃进式的非凡目标，团队就要用跃进式的行动来配合执行，否则是在做白日梦。

跃进式的目标
是指上台阶、突破、跨越式的目标，而非渐进式的目标。

奥运选手，不是业余运动员

你可以想象，一个决心取得奥运金牌的选手，和一个业余运动员的心态、纪律、行为习惯是截然不同的。组织也一样，决心成就组织领导力，成为行业标杆、榜样的团队，相较于一个满足于渐进式进步的团队，其组织文化、规范、人员心态、工作方式和系统作业流程，都有很大差异。

追求跃进的团队，会本着更高的目标，以先想远、再想近的方式，执行**跃进式的行动**。

你要对组织内每个层级、功能的人员推动跃进心态，鼓励人员累积真正的诀窍，并确保他们有良好的纪律执行。对齐更高的标准、更突破的目标，你要毫不犹豫，改革机制，在方式方法上创新。同时，你要采取行动来快速有效地掌握之前章节谈过的六个关键成功因素。

跃进式的行动

是指为达到跃进成果而需要采取的有力行动。这包括在组织里推动跃进心态、累积真正的诀窍、确保人员有良好的纪律执行，为达到上台阶的成果改革机制，在方式方法上创新突破。

重新审视你为团队定下的中期目标，是不是一个真正跃进的目标？大胆修改。然后针对它，思考你的优先顺序，制定跃进行动方案。

有纪律的创新

在此我分享**有纪律的创新（Disciplined Innovation）**的概念，帮助你推动跃进。

听起来"纪律"和"创新"是有点矛盾。"纪律"是重复、有规范地做好某些事情，而"创新"是脱离老习惯和传统做法，创造一些新事物。事实上，真正有意义和能落地的创新背后，一定包含一些非常有纪律的研究、学习、开发、检验以及认证过程。如果你能把这个"矛盾"处理得当，一方面运用纪律，另一方面引入创意，相得益彰，你就能更有效推动跃进。

有纪律的创新，包括以下几个重要原则：

■ 拒绝天马行空

单单凭空想象不能达成真正的目标，跃进的成果来自艺术与科学的结合。你必须拒绝天马行空的创作方式，例如一群人关在一个屋子里，漫无目的地做头脑风暴。而是要坚持在有诀窍的基础上，围绕你的跃进目标来进行创新。你要先想清楚需要累积哪方面的知识经验，然后努力去获取，并作深入理解。在这基础上再加入创意来提炼出真实和有意义的创新。

■ 把跃进目标，分拆成阶段性的、可行的里程碑

有句话说得好：你不可能一天把罗马建成（You don't build Rome in one day）。跃进目标也是一样，不是一天一夜就能达到。所以，你需要把宏大的目标分拆成可衡量、可行的、有相关性和有时限的目标给你的团队成员，让他们分阶段和具体地一步步做好。假以时日，跃进式的成果就会实现。

■ 接受失败，从中取得诀窍

越困难、越突破的目标，就越有可能碰到挫折。你和团队要有"交学费"的心理准备。交了学费，就要从失败的经验中提炼出有用和珍贵的知识点。不管成功失败，你必须要形成习惯和团队一起复盘，总结学习。

■ 积极管理风险

同上一点类似，跃进行动存在一定的风险，你要鼓励团队走出舒适区去冒险。同时，你必须积极管理风险，带领人员讨论有关的风险和可能的威胁，并加以管理。宁可未雨绸缪，毋临渴而掘井。提前做好准备，往往能帮助你取得理想的回报。

■ 智慧地辨别如何运用科技

现今科技日新月异，愈来愈多科技成果广泛流行，可被采用。用得好，科技是一个强力加速器，帮助你推动跃进，但注意不要随便滥用。一旦用不好，它会在很大程度上浪费人力物力。你要实事求是地运用科技，而不是随性盲目地采用，要先作需求分析，深入了解科技真正能为你带来什么。

有纪律的创新（Disciplined Innovation）

执行原则：

拒绝天马行空
把跃进目标分拆成阶段性、可行性的里程碑
接受失败，从中取得诀窍
积极管理风险
智慧地辨别如何运用科技

返璞归真领导力：40 年实战淬炼

回到前面说过的百胜开餐厅的例子。当年为了在百胜推动跃进行动,我们向约翰·奥基夫(John O'Keefe)先生买下"追求跃进、成就不凡"(Achieving Breakthrough Results,原名 Business Beyond the Box)的课程版权,由 Sam 和我亲自从上而下积极推动,为各层级的人员经理授课,提升人员有纪律创新的思考方式,并通过技巧的传授,让人员有信心、有方法地追求原来不能想象的目标。

随后,团队上下学以致用,一步步改革体制、流程和执行方法,打造世界级的后勤职能,帮助一线卓越地营运。组织在不断扩大的同时,高效提升生产力。从原来每年开 100 家餐厅的基础上,提高到每年开出 300 家餐厅的速度,很快又达到了每年开出 600 家餐厅的成绩。在我退休那年,我们已经达到每年能开出 1 000 家餐厅的产能。跃进式的思考和行动成了我们的基因,跃进式的行为根植在组织全员的血液里。我们无惧挑战自我,不断追求更高的标准。企业从一个不起眼的事业部,一跃成为行业标杆,其中的精彩故事说不完。我们也证明了,只要下决心追求跃进,带领团队有序执行跃进行动,就会取得突破性的成果。

审视一下,你为团队设定的跃进目标和制定的行动方案。

思考你如何使用有纪律创新的原则,来推进你的行动计划。

1.8

总结
组织领导力

组织领导力是指组织在其作业领域所展示的正面影响力。

如果你下决心打造组织领导力，就要先把组织定位为一个全员领导的团体，目标是让每个层级的人员都具备相匹配的自我领导力及人员领导力。

你必须立足全局思考，放眼未来，经营好以下"共长共赢模型"中的七个关键成功因素。

成功因素 1：攻坚战队

打造一支使命必达、具备极强的协作力和行动力的攻坚战队。要建立真正的战斗力，你需要重真相高于和谐，接受冲突并引导辩论和决策，提倡互赖及拒绝偏见。

成功因素 2：共识的抱负和策略

成功发展组织，你要让团队清楚组织的抱负，攻坚的大方向，建立共识；进而厘定长、中、短期目标，订立业务策略，并有持之以恒做好组织和人员的发展规划，予以实行。

成功因素 3：有力的文化和架构

企业文化和正面价值观，是组织持续发展的根基。你要为组织量身定制正面的核心价值观，并带领团队实践。随着组织的发展，定期审视组织的有效性，优化组织架构和启动人员配置来支持业务的发展。

成功因素 4：人才磁场

发展的最重要资本是"对的人才"。你首先要想清楚什么类型和素质的人才加入组织最能支持组织发展。然后，分析组织能为这些目标人才提供哪些他们期许得到的职业价值，进而把这些价值最大化，并在人力资源市场与目标人才充分沟通，同时你要确保这些价值在组织里落实。这样，组织就是一个人才磁场，自然而然地吸引目标人才加入。

成功因素 5：能力促进器

组织能持续成功发展，需要你从今天起，为未来不断打造对组织至为关键的能力，保持与时俱进。组织能力包含人员、系统和流程的能力，其中最重要的是人员能力。促进人员能力的提升，你要在组织中培育主导自我发展思维和成长思维，并为组织设置累积关键诀窍的机制。

成功因素 6：有意义的参与

打造组织领导力，需要人员的积极参与和热忱投入。组织的精兵强将有不同的工作动机，也重视工作对他们的意义。你需要用心洞察团队人员的深层动机，巩固有价值参与的工作氛围和创造双赢的环境，让人员体会到他们的贡献对自身、对组织以至对社会的意义。

成功因素 7：跃进式的目标与行动

成就真正的组织领导力，你需要有胆识和有决心，为团队定下跃进的目标和行动计划。然后带领团队以有纪律创新的方式，采取有力的行动，逐步付诸实行。

读完第一部分，我希望你深深体会到，打造一个成功、具有领导力的组织，有章可循。无论组织规模的大小和处于哪个发展阶段，要成就组织领导力，七个成功因素缺一不可。它们相互牵动，环环相扣。你可联合领导团队，审视组织每一个因素的当下状态，然后设立优先顺序，分配时间人力等资源有序经营，将它做到极致。假以时日，必会取得成果。

静下心来，思考你在七个关键成功因素掌握的
状态如何。

未来的日子里，你需要优先针对哪一方面下更
多的工夫，作进一步行动？

制订你的目标和行动计划，和你的团队共同提
升组织领导力。

　　接下来的第二部分，我会具体谈谈如何提升你的人员领导力，
帮助你实事求是地带领他人，开展打造组织领导力的工作。

2

第二部分

▼

返璞归真的
人员领导力

真正的领导者会培养出更多的领导者。

A true leader produces more leaders.

——金克拉

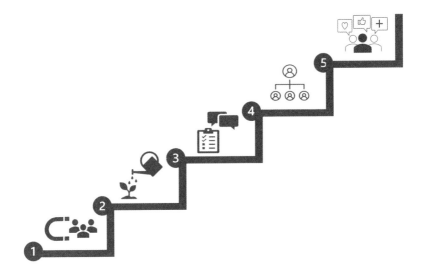

2.0

事在人为

从做事到领导

真正的成功，往往不是一个人单打独斗能取得的。如果你希望成就大事，为你的组织打造组织领导力，你需要与或大或小的团队共事。意味着，你要从单独作业模式，转向带领团队共赴抱负的模式。

一般来说，我们是从个人贡献者的角色，开始自己的职业生涯。作为团队里的一员，自我管理，独力完成委派的任务。当有了优秀的表现并与其他人也有好的协作后，我们就有机会被提升为主管，管理一个小团队，在计划时间和预算内交付符合质量要求的项目成果。从这时候开始，我们就由独立做事转向管理他人。如果胜任，我们就有机会领导更大的队伍，在专业基础上带领更大、更多元的团队。从这一阶段一路发展上去，我们还会有机会成为高层领导者，带领跨部门或跨地域的团队，不但负责组织的整体成绩，而且负责为组织订立方向，建立团队对组织抱负和价值观的共识。

领导者的典型发展阶段

个人贡献者　流程/人员管理者　中层领导者　高层领导者

现实情况是，并非每个人都能顺利地从做事的个人贡献者过渡到领导他人的角色。自我管理得好，并不等于能把团队管理好。擅长团队管理并不等于能把团队领导得好。优秀的技术能力和知识，只能让你成为技术专家，但不足以让你成为胜任的管理者或领导者。如果你没有提升自己的管理和领导能力，你的发展就会被局限，在个人贡献者的阶段上停滞不前。

从管理到领导

管理 ≠ 领导

不要混淆"管理"和"领导"，这是两个概念。

管理者一般负责计划、组织和协调资源，指挥和分配工作，解决问题，做好流程管控，确保组织价值观的落实。管理者聚焦在"如何做"。优秀的管理者以结果为导向，他们用被赋予的时间和人力物力，带领团队交付出理想的成果。

领导者除了是一个优秀的管理者，他们还会把焦点扩大到"为什么做"，就是做事背后的原因。他们有远见，能发现新的机遇，同时自身是价值观的楷模。优秀的领导者以人为本，关心团队成员。卓越的领导者更会用心带人，他们有启发他人的能力，带动他人更好地发挥其个人潜能。

人与事的平衡

我在多年的观察中发现，从管理者过渡至领导者的最大困难，是由一个偏向结果导向的工作模式，转向一个更为平衡人与事的工作模式。

结果导向和以人为本并不矛盾。有效的领导来自取得它们之间的平衡。领导者如果过于偏向人员，不关注结果，做不出业绩，很快就会无事可做。而领导者只专注结果、业绩，不把人的事情考虑好，人员协作力弱，向心力不足，造成了人员的不稳定，也会限制组织的发展。

人员是你的责任

这句话是真理：人员冲着公司而来，因为上司而走。人才的离开，往往跟他的上司有脱不开的干系。真正的领导者，会对他的人员负全责。领导人员不是把人的问题丢给人力资源伙伴解决，而是要借助于他们的专业能力和提供的体系、工具和流程。领导者才是主人翁，由 HR 伙伴相辅佐，才是健康的协作方式，能让你更好地管理人员，促进他们成长。

从人员领导力到组织领导力

人员领导力是指领导他人的胜任力。它建立在管理流程的效率与管理下属绩效的基本能力这两个基础上，再加上带领团队发展业务，及启发他们追求组织愿景的能力和热情。

正如国际知名作家金克拉所说，"真正的领导者会培养出更多的领导者"（A true leader produces more leaders），组织领导力与人员领导力息息相关。组织内的人员领导团队的实力有多雄厚，组织领导力的潜力就有多大。在第一部分的 1.0 章节，我提过，一个具备强有力组织领导力的团体，它必须成为一个全员领导的团体。优秀的领导榜样是为组织打造人员领导力的最大助力。

作为领导者的你，是培养全员领导的关键人物，也是打造组织成功的关键人物。一切从你开始。

人员领导力

是指领导他人的胜任力。它建立在管理流程的效率与管理下属绩效的基本能力这两个基础上，再加上带领团队发展业务，和启发他们追求组织愿景的能力和热情。

领导者的痛点

领导他人并非易事,是充满挑战的。领导人员有别于管理流程。人是复杂和多元的,领导人员没有一个通用的方程式,需要因不同的情景而异。

相信作为领导者的你会有同感,那就是相较于技术问题,你通常需要花更多时间在人员问题上。多年来我访问过多位领导者,证实领导者的职位越高、团队越大、越复杂,他们在处理人员的事情会花更多时间。领导者有时候甚至花一半以上的时间与精力在做人员招募、配置、管理、辅导、纠正、保留和激励等工作上。同时,他所负责的业绩也不能放手,需要在多变的环境下带领团队,发挥最高的协同效应来推动变革,取得业务成绩和发展。

近年来经营环境的急剧变化,让领导人员的工作难上加难。举几个例子:

- 愈渐多元的跨代人才,在职场上有着迥异的思维、习惯、理想和动机,意味着需要更复杂的人员管理。
- 新科技的涌入导致组织人员能力需求变更迅速。
- 人才供需不断变化,使得人才竞争依然激烈。
- 许多行业改变其全球化或本地化的定位,导致人员配置变得错综复杂。

在如此复杂多变的环境中,作为领导者的你,更需要返璞归真,用扎实的功力面对困难,用心领导人员,共长共赢。

从我多年带人和辅导各行各业领导者的观察中发现，不管团队大小、环境变化有多厉害，他们在带人时，都会面对以下的五项挑战：

（1）如何吸引对的人才？

（2）如何快速提升人员胜任力？

（3）如何化能力为绩效？

（4）如何把对的人放在对的位置上？

（5）如何保留并激发绩效稳健者？

提升人员领导力，来自他们用心，且主动面对这些挑战。只要你本着协助人员成功的动机，运用有效技巧和工具，不但能把这些挑战逐一瓦解，还能从中创造机会，为组织打造更强的攻坚团队。

停下来，自我评估——

（1）你在这五个挑战中表现如何？

（2）哪方面你做得好？

（3）哪方面对你最有挑战？

在接下来的章节，我会逐一针对这五个挑战，介绍相应的关键概念和原则，以及实用技巧与工具。期待你好好加以应用。

2.1

吸引对的人才

世有伯乐，然后有千里马。

——韩愈

挑战 1：吸引对的人才

你是个人才磁铁吗？

第一部分的 1.4 章节，探讨了如何为组织定义"对的人才"，同时也讲述了组织成为一个人才磁场的重要性，以及怎样最大化组织提供的职位价值，建立有魅力的雇主品牌来吸引目标人才。

就算组织做到了把合适的人才吸引到门前，你能确定他会接受你的聘书？哪怕接受了，你能肯定他在入职的前一刻，不会回心转意，选择其他的职业发展机会？

如今火热的人才市场，优秀的人才有多种选择。在做决定时，他不单单考虑组织作为雇主的名声，更会考虑对你的印象，他是否愿意与招募自己的你共事。在招募人才上，你扮演着重要的角色。因此你需要成为一颗**人才磁铁**。你不单要判断什么人员能胜任相应岗位，更需要有能力吸引合适的人才加入团队。两方面你都要做好。

组织的自然吸引力来自它的职业价值，你的个人吸引力来自什么？我认为，它来自两件事：一是你作为人员领导者的声誉；二是你是否在招募人才这件事上，表现出强烈的主人翁精神，并能专业地进行人才引进。

你的个人领导声誉

你不只是一个能够对候选人讲述组织职业价值的组织代言人，你还是你个人品牌的主人。

信不信由你，你的个人领导声誉一直在坊间留传。在吸引人才上，它比你的技术声誉更为重要。我们常常可见，人才在职业发展上，会选择追随他们尊敬和信任的领导者。这样做的原因是，这些领导者会帮助他们成长，提携他们成功。

作为领导者，你的领导魅力不是来自卖广告，而是来自你真挚且用心带领他人的口碑。所以，你必须不断提升你的人员领导力。

引进人才的主人翁

除了好口碑，优秀的领导者，往往在引进"对的人才"这件的事情上，展现出强烈的主人翁精神。他们会密切留意外面的人才状况，清楚需要搜寻什么素质的人员进团队。作为所负责领域的专家，他们还掌握了有潜力加入人才的动向，在需要时为负责招募的 HR 伙伴引路。他们视招募工作为己任，善用完备的流程，以专业的态度推进。目的是为所需的岗位，引进最合适的人才。

返璞归真领导力：40 年实战淬炼

人才磁铁

是具备人才吸引力的领导者。他们拥有良好的人员领导者的声誉，对引进人才表现出强烈的主人翁精神和专业能力。

自我检视——

他人会如何描述你领导他人的能力？

在引进人才这件事情上，你的主人翁心态有多强？

自评一下，你今天是一颗什么强度的人才磁铁？

在本书接下来的章节，将帮助你全面巩固个人人员领导力。这里我先分享吸引人才的精髓，让你更专业地掌握人才引进的流程。

吸引人才的 4S

想要合适的人才来到团队，你需要掌握四件事，我称之为 4S：Standards（标准）、Source（来源）、Select（选择）、Secure（确保上岗)。

标准是指你所需的人才应具备的资历和特质;来源是关乎你从哪里物色到合适的人才;选择是有关对人才的评估及进行拣选;确保上岗是指确保人才能够顺利上岗,并融入团队。

让我就每个 S 来做详细说明。

Standards: 标准 —— 候选人需要具备什么资历和特质?

第一部分 1.4 章节谈过如何为组织定义"对的人才"。这个人才画像的描述就是引进人才的基本标准。

除此以外,在为某个岗位配置人员时,需要更为具体地描述对岗位的理想要求,阐明必需的资历和特质等标准。

一般来说,组织会有多个伙伴参与招募工作。如果大家对标准和要求清楚并有共识,整个寻找和拣选过程的开展将会更高效。

组织普遍会用"岗位描述"(Job Description)来具象某个岗位的角色和责任。通常这份文件写得专业且冗长,涵盖专业用语,以便人力资源伙伴为岗位做专业的职位评估。有时内容很多,但不一定针对当下的需要。对于新设的岗位,更是没有已经准备好的文件。所以在人员配置时,领导者往往没有认真采用。

工欲善其事,必先利其器。以下介绍的**岗位成功画像**,是一个更精准到位、更容易让你使用的岗位描述。

岗位成功画像

正如画像的名称，它是用来描述人员必须具备的关键条件，以此让他在该岗位上取得成功。

它采用精练的格式（见下图）、内容不超过 1 页。这样的设计让使用者专注于重点，易用易懂。

这个画像由你或岗位的直接主管针对需求来进行起草。其间还需要邀请人力资源伙伴和其他相关人员优化，整合意见后定稿使用。

岗位成功画像的具体内容，来自以下六组问题的答案而合成。

（1）什么是此岗位最重要的三个责任或交付？

这不是日常工作的描述，而是在短中期（未来 1~2 年）内，此岗位的关键任务或交付，只有人员做到了才可以说他胜任。岗位涉及的内容可能很广，你只要写下最重要的三个。

（2）什么是此岗位担任者必须具备的，可查证核实的三项资格：经验、学历或专业认证？

（3）什么是此岗位担任者必需的胜任力？

列举必需的三个专业技巧（硬技巧），如财务策划、数据分析、软件编程、外语、项目管理等技巧或能力；以及三个最关键的人际能力或软技巧，如跨文化沟通技巧、协调能力、人员领导力等。

（4）什么是候选人必须具备的三个特质、品格，以确保他在胜任岗位的同时，能快速融入组织企业文化？

（5）有什么绝不能被通融的条件（Deal Breaker）？

岗位成功画像（Position Success Profile）

岗位：	
工作 （三个最重要的责任/交付）：	
1.	
2.	
3.	
资格：经验、教育、专业证书 (三个必需的资历)	
1.	
2.	
3.	

岗位/功能胜任力：	
三个必须具备的硬技巧:	**三个必须具备的软技巧:**
1.	1.
2.	2.
3.	3.

企业文化匹配度 (三个必须具备的特质、品格)：	
1.	
2.	
3.	

无法通融的条件:	**岗位价值:**
起草人:	**日期:**

这些条件令你不会去考虑该候选人。如岗位人员经常需要出差，或岗位需要轮班工作，因而不会考虑不能满足出差频率或轮班制的人选。

（6）该岗位对候选人有什么最大的吸引力？

这是岗位能提供担任者最大的职位价值，也是岗位在组织中存在的价值。举例：担任者可以在此岗位获得某领域深入学习的机会；相较于同类工作，可以得到更广的经验；有机会与专家和有威望的伙伴共事等。

制定了岗位成功画像，所有使用者对目标人选的要求就能一目了然。这些标准让大家能更有效地协同为此岗位寻找、吸引对的人才。

学以致用——

针对要配置的岗位，练习写出该岗位的成功画像。

联合人力资源或其他相关伙伴们进行优化后，投入使用。

如何用好这工具？你需要养成习惯，在每次招聘前把岗位成功画像写好。对于重复配置的岗位，也要配合组织的动态发展，在每次招聘前回顾并修订最新版本。

Source：来源——在哪里找？

找合适的人才，不外乎两个渠道：要不去外部招，要不在内部找。

外部的招募途径或平台，一般都可依靠人力资源伙伴管理和发掘，这里不做讨论，我们把焦点放在领导者更能掌握的内部推荐上。

内部推荐

无论外部招，还是内部找，最佳的人才往往来自内部推荐。

员工参与内部推荐的方法有多种，可以是建议在哪里找，或提供人选的名单，或直接推荐。

内部推荐通常会带来理想结果。其中一个原因是，相关部门的伙伴和领导者，对其领域、行业的人才网络和布局变化，往往比人力资源伙伴更清楚。他们能引路并在招聘策略中指出具体方向，从而提高招募工作的成效。

同时，员工对有潜力的人选和组织的岗位标准，都有一定的基础与认识，他们能判断出推荐的人选能否适应组织文化和满足岗位需求，也了解岗位对人选具备什么样的吸引力。通常员工诚意推荐的人选，成功机会较大。

世有伯乐，然后有千里马。你要把自己定位为伯乐，对外面的优秀人才保持关注，通晓行业内不断变化的人才布局。维护良好的人才网络，在人力资源伙伴管理多种招聘途径／平台的同时，能随时为组织指出具体的寻找方向，推荐合适的人才。

你可以在团队建立内部推荐的机制，与人力资源伙伴共同开发平台，建立外部人才信息库，以备组织发展之需。

Select：选择——如何评估候选人，拣选最佳人选？

拣选最合适的人选，是你的重要任务。

现今评估应聘者的方法虽然多种多样，但应聘者还是必须通过相关领导者的面试，才能入围。

优秀领导者和普通上司的区别是，他们不会把面试当成例行公事，而是利用这个机会，与候选人诚恳交流。你对候选人来说，是否一颗人才磁铁，从这里开始。

你要有效评估候选人的胜任力，作出最佳选择。更要借此机会，给应聘者留下良好的第一印象，使往后引进人才的工作能顺利展开。你需要把面试前、中、后的每个时间段都运用好。

面试前

合理使用面试时间。在面试前，你要做四个准备。

1. 回顾岗位成功画像

第一个 S（标准）已经谈到过如何厘清"岗位成功画像"。在面试前，你要把握画像内容，方向明确、目的精准地与应聘者沟通和作评估。你可以把岗位成功画像，转化成一张面试评估表，既能帮助预备，又方便在面试时打分、做记录。

2. 阅读并探究简历

浏览候选人的简历，了解他们的背景和主要经历。针对以上回顾过的岗位成功画像，标注你关心的、需要进一步了解的内容。

3. 明确探问内容

面试时长通常是 45 分钟至 1.5 小时。提前明确要探问的内容。如果应聘者已经历了其他伙伴的面试，听听他们的建议，计划更有针对性的探问。

4. 规划面试时间

规划问题优先顺序,确保有足够时间,可以了解想深入的话题。记得预留一些时间给候选人提问，解答他关心的问题。

说到时间规划，牢记"第一印象就是最后印象"（First impression is the last impression）。这句话自有它的道理。如果你安排好面试时间，就不要让候选人过时等候，这样做既不礼貌，也会给候选人留下不专业的印象。

面试中

抱着吸引合适人才的目标，作为面试官，你需要在面试中完成四个任务。

1. 带着目的性问题去探询、倾听、观察

面试，主要是评估应聘者是否合适。通过有效和深入探问，加上用心聆听和观察，基本可以判断出应聘者的合适度。大部分的面试时间，要用在这点上。如何探询应聘者是否胜任，方法也是多样的。一个常用的方式，是请应聘者在过去的经验里，举一些具体案例来说明。

坊间一直留传的一个探询方法，经过我多年采用并验证后，认为是一个实用的技巧。它能让你深入了解应聘者是否具备某方面的经验或胜任力。它叫作 STAR 探询方法（见下表）。在这里介绍一下。

STAR 探询方法

Situation 情境	内容、背景信息。 ● *请告诉我某一次当你……?* ● *何时? 何地?*
Task 任务	具体任务、挑战、情况问题。 ● *你需要处理什么事情?* ● *你要达成什么结果?*
Action 行动	候选人采取的行动。 ● *你做了什么? 为什么做?* ● *还有哪些人参与? 他们做了什么?*
Result 结果	最终发生了什么? 所产生的影响? ● *最终发生了什么?* ● *你从中学到了什么?*

STAR 探询方法

首先是 S，Situation（情境）。针对你希望了解的内容，邀请应聘者分享一段个人经历，请他详细描述实例的背景信息，包括何时何处等。例如，你想探问的是他的创新能力，就请他告诉你，他最引以为荣的创新经历。请他详细说明当时的背景，是什么原因让他在那件事情上创新，当时还有谁参与，等等。

第二步是 T，Task（任务）。当你已了解背景状况后，可接着问他，当时具体要做到的是什么？要处理的一些挑战或风险又是什么？接着上面的例子，你可以问他那次创新的目的是什么，他要克服什么困难或限制，等等。

再下来是 A，Action（行动）。有了足够的背景资料、明白他负责的任务后，提问的方向就是了解他具体采取了什么行动。这时候你必须分辨出他参与行动的深入度，是他自己执行的，还是其他伙伴和他一起做的。这样才能帮助你厘清应聘者在这方面最大的贡献是什么，他展示的胜任力是否与岗位要求匹配。如之前探询创新能力的例子，在这部分要问的是，他具体做了什么？为什么做？他在项目中的角色是什么？其他参与者的角色又是什么？或类似的问题。

最后是 R，Result（结果）。就是应聘者举的案例最终达到的成果。在这部分，你要探问的不单是他达到的结果和其产生的影响，也可了解他从这案例中学到了什么，是否能把这经验复制到其他任务上，也就是在应聘的岗位是否用得上他的经验。

用 STAR 的探询方式，就能有效地从应聘者举的实例中，深入判断他在某方面的胜任力和特质，评估他对于岗位的合适度。

2. 评估适配度

当你有了足够的探询、倾听与观察后，就可以有信心给应聘者评估各种关键能力的匹配度，并做好记录。如果时间不够，但又觉得某些方面的观察和了解还不够清晰时，你可以记下来，提供给下一轮复试的伙伴作进一步探问。也可以通过其他途径，如作背景调查等，来了解与确认。

3. 邀请应聘者提问

你应当留下一些时间邀请应聘者提问。在帮助你了解他关心的事情的同时，也可帮助你了解他对岗位或组织的兴趣度。

4. 传递岗位价值与职业价值

面试结束前，不管你最终是否选择该应聘者，都要借此机会，给他传递岗位价值和组织的职业价值。这样，你既给他留下了好印象，同时也推广了组织的雇主品牌。如果你最终选择了这位应聘者，还会因此提高了该岗位对他的吸引力。

面试后

结束面试后，你有责任做好两个工作，让招募工作能继续有序进行。一是总结评估的结论，做好记录；二是提出建议，包括是否推荐应聘者，还是对其做进一步了解的内容和行动。

面试质量提升了，你自然能更精准地判断出候选人的合适度，再与其他相关伙伴沟通并协商，进行拣选。

有效面试

面试前

    1. 回顾岗位成功画像

    2. 阅读并探究简历

    3. 明确探问内容

    4. 规划面试时间

面试中

    1. 带着目的性问题去探询、倾听、观察

    2. 评估适配度

    3. 邀请应聘者提问

    4. 传递岗位价值与职业价值

面试后

    1. 总结评估的结论，做好记录

    2. 提出建议

当选定了某位候选人时，你的焦点就要移向确保该候选人愿意加入组织，并顺利上岗。

Secure：确保上岗——如何让人才入职并确保顺利上岗？

人才选定后，你当然希望，该岗位是候选人才的首选工作。在今天人才竞争激烈的时代里，你可能花很多时间做招募、面试与评估,但最后人才还是因各种原因选择不来。就算入职上岗之后，优秀的人才是否能真正留下来稳定发展，还是很快就被其他机会挖走，也是一个问号。

所以，你引进人才的任务，不是在选定人才后便完结，你还要帮助人才做出加入组织的决定，并协助他顺利上岗，直到稳定下来。这时候，适时适当地用各种方式与他沟通组织的职业价值和岗位本身的职位价值，很重要。

如何做？你可以联动人力资源伙伴，善用与候选人才或新加入人才互动的重要时刻。我称之为**关键接触时刻（Critical Touch Points）**。

关键接触时刻，不外乎这些：人才首次面试或是来复试的时候、你对他下聘书时、他确认接受聘请时、他报到的当天和当周，以及他上岗后的 90 天或试用期满时，直至他入职满一周年时。

你可以做什么？

比如，当候选人首次接受你的面试，就是你给他留下第一个好印象的机会。过去曾看到过一些上司，毫不重视应聘者的时间，他准时来到，但需要等候很久才见到面试官，然后被匆匆忙忙问了几个问题就草草结束。不管是有意或无意，不管这个应聘者合不合适，上司给他的印象一定不会好，感觉是在摆架子，传出去的口碑也自然是差劲的。就算你最后选中了应聘者，他选择这个工作机会的概率也会降低。反过来，如果你亲自到前台接待他，让对方马上能体会到你的亲和力，并感受到组织重视人才的文化，应聘者就对你和组织的印象加分，好的口碑永远有利于日后引进人才。

又如，下聘书后，你不仅仅依靠 HR 伙伴的追踪，而是主动与他联系，答疑解惑，积极提供相关行业信息给他参考。他得到了你的热情帮助，会更乐意接受聘请。

再如，人员上班的第一天，对他是非常重要。请你务必腾出时间，安排好团队欢迎活动，让他快速认识其他伙伴，一起交流与分享经验，这会让他感受到团队的协作力，迅速建立归属感。

只要你动机明确，提升人才感受的方式可以是多种多样的。你还可以鼓励团队内外伙伴积极、有创意地参与，让体验能够带来更多愉悦。千万不要机械式地应付。

学以致用——

找机会练习有效面试的步骤和使用 STAR 探询方法。

计划一些有创意及具体的行动来善用与候选人才或新聘员工的关键接触时刻。

吸引人才的4S

Standards（标准）	候选人需要具备什么资历和特质？
Source（来源）	在哪里找？
Select（选择）	如何评估候选人，拣选最佳人选？
Secure（确保上岗）	如何让人才入职并确保顺利上岗？

你需要下决心成为一颗**人才磁铁**。

你的自然吸引力来自你作为人员领导者的好声誉，你对引进人才要有强烈的主人翁精神，加上掌握 4S 的能力。

Standards（标准）

启动人才引进的第一件事，是利用岗位成功画像，精炼厘定候选人必须具备的条件。

Source（来源）

你要对外在的优秀人才布局保持关注，维护良好的人才网络，在需要时主动推荐。

Select（选择）

通过面试前的充分准备，面试中有效探问互动，面试后的跟进，来更好评估候选人并作出选择。

Secure（确保上岗）

联合相关伙伴，善用关键接触时刻来确保人才顺利上岗，并快速融入团队。

2.2

快速提升人员胜任力

学如逆水行舟，不进则退。

——《增广贤文》

挑战 2：快速提升人员胜任力

提升人员能力，是每位领导者的重要任务。在变化加剧的时代里，你要分秒必争，让团队与时俱进，甚至走在前沿来带动业务突破式的发展。所以这项挑战的重点，在于**快速**两字。

快速提升人员能力，不是以揠苗助长的方式，把没有预备好的人员硬拔上来。而是知人善任，识别出人才并最大化释放他们的潜能。让他们在快速成长的同时，为组织作出更大贡献。

辨别潜力与绩效

首先，你要理解**潜力**（Potential）与**绩效**（Performance）的关系与区别。

绩效与潜力是不同的。绩效，是人员在岗位上的工作成绩。潜力，是人员已经具备但还未被全面使用的潜在能力。

高绩效的人员，不一定是高潜力的人员；高潜力的人员也不一定能展现优秀成果。反之亦然，低潜力的人员可能在他负责的工作上表现出色，表现差的人员也可能具备很好的潜力，只是潜力未被挖掘发挥出来。

因此，要培养团队，你首先要对人员潜力做出判断，再考虑如何在短、中期内让他在组织中更好发挥。与此同时，明确他现在的绩效状况，看他有没有提升的空间，以及怎样提升，才能与组织共同发展。

如果人员绩效中到高等，但你观察到他们有潜力，也要持续培养，找机会赋予挑战性的任务，去延展他们，给他们更大的发挥空间，作更多的贡献。

如果人员表现欠佳或中等，但你看到他的潜力，就应积极辅导、培养，只是重点需要先放在提升绩效上。

当然，如果人员在岗位上的表现持续不达标，同时又不具潜力，你应及时劝他从岗位上退下，让他下车，在其他适合他的岗位谋发展。

通常，组织都会有些"高价值人员"。他们的特点是能在组织中某些关键岗位上提供稳定且良好的表现，也能在所属领域不断钻研。但是，他们只会停留在个人贡献者阶段，发展潜力不高，不适合管理其他人员。他们的个人意愿也只想做个人贡献者。一般来说，这些人员是少数的。他们通常会在一些专业技术含量高的部门，担任不易取代的角色，如某些科研岗位。如果他们的确是组织的重要专业技术成员，应予以保留，同时也要鼓励他们继续在专业领域与时俱进的个人能力发展。

对于那些表现平平，既不处在特别的专业技术岗位，又不具发展潜力的人员，你需要从组织未来发展和人员能力提升的空间，两方面结合来看，并认真思考,决定是劝退还是保留。如选择保留，就加以辅导来提升其绩效。

人员培养原则

绩效		潜力	
高 高价值队员	延展、培养	延展、培育
↑ ↓	培养	延展、培育
低 劝退	培养	培养
	低	高

潜力

理清了绩效与潜力的关系与区别，接下来，谈如何更快速有效地发展人员。

人才发展是动态且持续的，方法形式多种多样，可以是很有创意的。但一个不小心，组织会陷入很多低产出的活动中。比如，送人员去上课，跟资深老师学习，但人员却没有学成归来，没进步；要不就是学到的东西不管用，浪费了时间和人力物力；就是用上了，效果却不痛不痒，人员很快回到原来的工作习惯。

你必须谋定而后动，明智地投资你的时间和精力，侧重于高产出的五件事上：

（1）培养有力的学习思维。

（2）聚焦于关键胜任力。

（3）将学习融入日常工作中。

（4）提供匹配的辅导支持。

（5）追踪人员发展计划，为未来做预备。

培养有力的学习思维

要快速提升人员能力，你要优先调动人员学习的原动力，帮助人员养成求知若渴的心态，让他们自发自愿求进步。在第一部分的 1.5 章节，我花了颇多的篇幅谈促进人员能力的成长，以及培育两个有力的思维（主导自我发展和成长思维）的重要性，就是为了这个目的。建议你重温。

为了鼓励人员把有力的思维落实到具体的行为，你要在平日工作中言传身教，示范如何自省，如何学习新事物。同时，在每年订立工作目标或年中回顾之际，要求人员制定个人短、中、长期的职业发展，和当年的个人发展目标及具体行动计划。年终，结合员工个人业绩，评估个人发展目标完成度，给予适配的赏惩。

真正的人才是爱学习的。如果你做好招募工作，选择有积极主动学习习惯的人才加入团队，建立学习氛围，就事半功倍。

> **学以致用——**
>
> 选择一名团队成员，思考如何激发他采纳
> 成长思维，或主导自我发展思维。

聚焦于关键胜任力

组织的资源有限，对人才投资（时间、金钱）必须用在刀刃上，专注于培养人员在短、中期内最重要和最必需的胜任力。

从业务发展需要的角度，你要清楚团队成员个人和综合胜任力状态，分析他们的缺口和可发展空间，来支持团队下一步的发展。

人员胜任力四个维度

你可从四个维度来分析人员胜任力：

1. 角色胜任力

角色胜任力是对人员最基本的要求。人员必须具备某些能力，来胜任他所负责的岗位。人员刚上岗时，应该已经具备"岗位成功画像"（见上一章节）列出的最关键的专业技巧和人际技巧，不

是从零开始。由于岗位的工作内容和性质会因业务发展而不断变化，你需要定时评估人员的角色胜任力状态，是否与时俱进，是否有需要及时或提前更新。思考，比如，组织计划在未来几年更新一系列的技术硬件、软件或平台，你现在的 IT 主管能否持续胜任其角色？又如，业务预备扩张新的经营区域，服务该业务的伙伴能否持续胜任他的工作。

2. 职能胜任力

职能胜任力是指员工所属职能的胜任力。例如，招募专员属于人力资源职能，所以，他除了要有精通的招聘专业能力（角色胜任力）做好本职工作外，还需要有人力资源职能的其他基本能力（职能胜任力），相互配搭来完成工作。这些能力有相关性，但不相同。人员的持续发展路径，一般会在同一个职能里，上升至更广的范围，你要考虑人员发展潜力。比如，一位招募专员可能有潜力成为一位提供更大范围业务支持的 HR 伙伴。如果能适时提升他在招募以外的职能胜任力，在组织需要时，就能让他快速顺利过渡到职能内更大更广的职位上。后面我会多谈一下职能胜任力。

3. 领导力

之前我提过，最好的组织，是一个全员领导的团队，就是每位员工都有匹配的自我领导或领导团队的能力。一位个人贡献者，需要有良好的自我领导能力，能把工作做好，把时间管理好，有专业的操守。小团队的管理者，不单自我管理好，也能把负责的项目和团队成员管理好。更高层的领导者，还要掌握人员领导力，带领多元的团队为组织提升业务，创造绩效。

4.落实企业价值观的能力

这方面能力，会应组织的企业文化而有不同的要求。人员对企业价值观的认同并执行，对组织尤其重要。因此，各层级人员必须具备此能力，来落实组织文化和价值理念。

当把人员胜任力的状态分析清楚了，你就可集中精力和资源，去培养人员所需的胜任力。

人员胜任力的组成

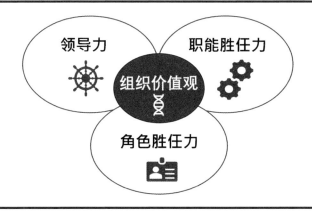

再谈职能胜任力

如果你是负责组织内某一个职能的领导者，你除了分析个别成员的胜任力外，还需要清楚定义你的职能在短、中期需要具备的关键能力来支持业务发展。建议你把这些关键能力，整合为一个**职能胜任力模型**，定义出职能内不同岗位需要在各个能力达到的水平，作为分析和提升人员胜任力的指导。

随着业务和人员发展的变化，你要定时回顾职能胜任力模型的要素，适时更新，以确保人员的能力能迎合组织发展需要。

返璞归真领导力：40 年实战淬炼

打造职能胜任力　　　　　　　　　　　　分享 11

多年前我在百胜刚接手人力资源职能时，企业正在起步阶段，人员能力参差不齐。

为了支持企业使命，我下决心建立一支世界级的 HR 团队。目标很遥远，但总有一个开始。

经学习和深入思考后，我决定采用以下的胜任力模型，为团队明确定义五个必须具备的胜任力，包括 HR 基本功、个人信用、HR 科技、业务知识、策略性贡献。

HR 基本功是 HR 人员的选、用、育、留专业能力。当时不少团队成员未受过 HR 专业训练，必须要改变，否则团队只会停留在人事行政作业，如发工资、排班、管理劳动合同等工作上，无能力为企业提升人力资源的价值。

HR 要成为真正的业务伙伴。成员的个人信用、业务知识和策略性贡献能力是关键。个人信用包含有效沟通和言出必行的能力。业务知识是对经营环境、业务经营方式和所需劳动力的理解。策略性贡献包含如何引领变革、深化企业文化和整合人力资源策略，来支持业务发展的能力。

HR 科技是一个为未来做预备的关键能力。预示随着科技的发展，以及组织的快速扩张，HR 人员必须能及时借助科技，来执行大量重复的人事作业，提升生产力和内部沟通的及时性和有效性。

明确了 HR 职能的关键胜任力后，我们再把每个胜任力分为四个等级：最基础的是"知晓"，上一层是"基础应用"，然后是"胜任"，最高是"精通"。

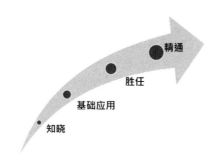

接下来是定义 HR 岗位不同的职能胜任力标准。用以下简化的表格分享这些概念。

团队岗位有三大类。一是通才，与业务直接对接的 HR 业务伙伴；二是专才，如薪资福利、培训、招聘等岗位；三是功能内的支持，如助理。这些岗位分布在不同的层级。

	资深HR业务伙伴 (HRBP)	HR专才 (COE)负责人	HR助理
策略性贡献	精通	精通	知晓
业务知识	精通	胜任	了解
个人信用	精通	胜任	胜任
HR科技	胜任	胜任	胜任
HR基本功	精通	在负责领域精通	胜任

　　如上表所示，不同岗位有不同标准的能力要求。例如，一位资深HR业务伙伴，需要在多个胜任力达到精通等级。但一位HR专才，如培训负责人，要求是他要精通所负责领域的基本功以及策略性贡献，其他方面只要胜任就可以了。而对于HR助理在业务知识方面，只要有基本的认知就行。

　　在与团队成员沟通解说了模型后，大家就着手进行能力评估，针对欠缺部分，补足补强。HR职能的专业能力快速提升，全公司有目共睹。

　　随着组织业务升级，我们会定时评估团队人员能力，并更新胜任力模型内容，在强基础上持续提升团队的专业水平，成功地为企业打造了一支专业、出色的人力资源职能团队。

学以致用——

参考【分享 11】。

考虑到短、中期的业务需求，为你所负责职能
建立或更新胜任力模型，并带领团队成员进行
能力评估分析，辅导他们作有针对性的提升。

将学习融入日常工作中

很多时候，当领导者想要培养下属时，第一反应就是送他去上
课，然后期待他上完课回来，马上用上所学，快速改进。通常这样
做的成果并不显著。为什么？成年人的成长，主要来源并非教室。

你或许听过"70—20—10"学习法则。它是说成人 70% 的成
长是来自参与的任务，除了日常的工作任务外，还包括他们的短
期转岗和具有挑战性的特别项目等。20% 是他人给予的反馈和辅
导，可以来自上司、辅导者、同事或其他外部相关者。只有 10%
的是从课堂（线上或线下）得到的。正所谓，"经一事，长一智"，
相信当你回顾自己个人在职业生涯中的成长，你也会认同这法则。

只会送人员去上课，投资回报和效能是很低的。如希望人员
能快速成长，你首先要将学习融入人员的日常工作，从中创造学
习机会，特别是提供有挑战的任务给有潜力的人才参与。同时给

予适时适当的反馈、辅导。这时，再加以课堂学习巩固概念，学习成效就落实了。

1. 不断提炼

很多时候，团队做完一个项目，成功后就忙着庆祝，或赶着开展下一个项目。不达理想的，要不互相指责，要不就不了了之，或忙于做补救方案。整个团队真正坐下来，共同认真地提炼、分享所学，不常发生。然而，或成或败，从中提取关键的成功或失败因素，是让团队累积诀窍的重要时机。

所以，你必须在日常的会议里，要求并带领团队在结束项目之际，做一个完整的学习总结，复盘什么地方做得好，什么地方可以进步。要求人员提炼关键因素，比如问他们学到的最重要的三点是什么，下次再做时要注意的是什么，等等。尤其对未达期望的任务，更要进行深入剖析。不是要责备团队、责怪某人，而是鼓励团队用心思考，用科学的角度去看，目的是明确从失败中学到了什么，当人员下次开展类似任务时，不再犯同样的错误。团队日常培养了这样的习惯，人员的进步就会与日俱增。

2. 引导诀窍交流

三人行必有我师。在组织日常作业中，要好好用上这个概念。

团队里通常有两大类角色。一类叫**权位拥有者**，另一类是**知识拥有者**，在比较小的组织内，一位人员可能同时具备这两类角色，随着团队的发展扩大，这两类角色往往就会落在不同的人员身上。

权位拥有者，是指那些担当领导职位并有权责管理某一个功能或项目的人员。他们负责决定功能、项目的策略和计划方向，分配工作，订立所需资源和预算。他们一般处于高位，不一定会动手执行具体计划，但要对交付的结果负责。

知识拥有者，是指对该任务领域，具备技术或操作知识和经验的人员。他们大多在一线，与内、外部客户以及相关利益人互动，服务或执行计划。虽然对任务的全貌策略不一定清楚，但他们掌握执行细节，也清楚具体问题或窍门。有时，知识拥有者因工作调动原因，可能散落在组织的不同职能或工作地点内。

权位拥有者（Position Holders）
是指在领导岗位，有权责管理某职能或项目的人员。
知识拥有者（Knowledge Holders）
是指对该任务领域，具备技术或操作知识和经验的人员。

在组织里，各职能的权位拥有者，一般会定期坐在一起，看数据总结报告，讨论项目进度，做决策。由于他们大多不在一线，他们的知识主要来自数据分析，他们做决策后交给一线执行。当一线人员不理解这些决定，或觉得不妥时，如果没有健康的反馈机制，执行时，要不就会出现"上有政策，下有对策"的情景，要不就是人员盲目依从。无论如何，结果都不是理想的。

因此，你在日常推动项目时，需要**引导诀窍交流**。

首先，你要确定团队中拥有这两种角色的人员分别是谁。不论两者的职位等级差距多大，也务必要邀请知识拥有者和权位拥有者一起参与。要刻意鼓励知识拥有者加入健康的辩论、分析和分享意见。让权位拥有者有机会好好聆听他们的心得，理解执行成功的关键。与此同时，知识拥有者也有机会理解权位拥有者做决策的角度和缘由，了解项目的全面计划。将日常会议变成相互学习、交流互鉴的平台，共同成长。这样大家做事情的默契越来越好，再难的问题也能群策群力分析解决，为组织打下发展基础。

过去在百胜的工作中，我们针对与业务直接相关的重要且关键的项目，例如开店、采购、科技投资等，分别建立了不同的**"专题委员会"**。除了权位拥有者（负责的职能主管）外，根据项目性质，挑选企业内的相关知识拥有者，让他们成为专题委员会成员或参与者，定期参会来共同回顾项目进度，提供专业支持。在促进相互之间知识交流的同时，还达成了对策略的共识。专题委员会的成员都有明确的职责分工。通过这样有规范的项目管理，人员的能力得到大幅提升，Know-how 也在不断地积累，决策的质量和时效，也显著提高。以开店为例，通过专题委员会的有效运作，企业能开店快、开好店，开店的时间和质量都得到了保障。采购、科技投资的许多项目，也被快、准、稳地落到了实处。

知识拥有者不一定都在组织内。所以，你要鼓励团队**跨界学习**，因为在其他行业或其他地域，或在某些专题有一些领头羊，其经验也可被借鉴、采用。

还有，科技日新月异，组织内资深人员虽然有丰富的行业经验，但不一定会善用新科技的工具。相反，年轻员工更愿意灵活尝试与运用新科技，在技术性创新上更有想法。但他们对业务经验尚浅，看问题不够全面，即使会使用工具也未必会发挥最大的效果。所以，如果资深人员能不耻下问，寻找年轻人才做**反向启导**（Reverse Mentoring），对双方的成长都极有好处。

再说，为人才刻意安排**跨职能的辅导者**，是一个极好的培育活动。如安排得当，可以开拓人才的眼界和带动知识的交流，辅导者也有教学相长的机会。

引导诀窍交流的一些行之有效的方法

专题委员会

跨界学习

反向启导

跨职能辅导

学以致用——

你不妨就目前手上的项目，思考一下，谁是"知识拥有者"，谁是"权位拥有者"，你可以做些什么，引导诀窍交流，让两者能够相互学习？

3. 筛选合适的学习途径

人员在工作中乐于学习是好的。今天科技资讯发达，只要有意愿，外部人工智能、互联网、媒体、研讨会、传统书店、图书馆，加上内部的知识库，等等，都有大量的资讯，随手可得。

除了传统学习方法途径，团队成员中，尤其是新一代人员，能与你分享他们觉得有用的学习资源及方法。相信从他们的分享中，你会发现很多你原来不知道的资讯。

多不一定好，毕竟时间和精力有限。海量，甚至泛滥的资讯会让人迷失。专业人员中一个致命弱点是，沉溺于无穷的资讯中，见树不见林，无法看到大局，不能精确地找到重点。你需要引导人员筛选、判断学习内容的相关度，甚至辨别真伪。你要协助团队，明智且有效地选用合适的工具、方法和途径。

提供匹配的辅导支持

作为领导者，辅导与支持人员是你的基本职责，你的目的是人尽其才。当你将学习融入人员日常工作后，是时候用上你的辅导功夫了。

领导者通常有他的个人风格，辅导人员也可能有偏好的方式方法。比如，一些领导者喜欢循循善诱，另一些领导者更愿意让人员自由发挥，也有些领导者偏向以勉励启发的方式辅导，还有些领导者则会用家长训诲的办法指导人员。

每位员工的发展状态都可能不同。如果对人员的辅导方式一成不变，往往不会最有效。然而，如果你以人员的状态为出发点，使用情境领导力的概念，抓住可辅导的机会，用合适的方法辅导，就更能对症下药，事半功倍。

人员当下的发展状态，可以从两个维度的高低，做一个简单又直接的观察来分析。第一个维度是**胜任力**，包含他在这个阶段，对所负责的任务，所具备的知识与技能的程度。另一个维度关乎心态，是他对所负责的任务的**信心**和**决心**，想去做好这件事的程度。

如果人员两个维度的表现都是高的，你可以充分授权他，让他好好发挥，尽其所长。甚至给他更有难度、更广范围的任务，让他更上一层楼。

如果人员在工作上具备良好的胜任力，但不投入或表现出信心不足，你便需要花心思，了解他缺乏动力的原因和困难，然后赋予激励和给予合适的支持，来调动他的动机。

如果人员表现出信心充足，投入度高，但能力不足，你就不能让他自由发挥，否则会弄巧成拙。你需要给予清晰的指挥，授予方法，甚至手把手教导。这样，他自然会很好地活学活用，在能力得以有效提升之际，取得良好的成果。假以时日，随着他能力的提升，他会成为你的得力成员。

若人员在两个维度都表现低下，说明他没有在对的岗位上。你需要下定决心，把他调离或替换，让他在更适合的岗位上工作。

匹配的辅导支持

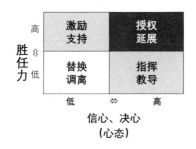

学以致用——

观察你的团队成员目前在这两个维度上的状态。你会如何调整对他们各人的辅导支持，来提升其能力？

追踪人员发展计划，为未来做预备

人员发展

学习与**人员发展**是不一样的概念。学习是针对如何获得在当下或短期需要的知识和能力。人员发展是为未来做预备，是较长线的。

人员发展是指培育有潜力的人才，储备他们，是让他们在组织需要时，能快速成功过渡到新阶段，在团队里担负更大、更重要的职责。用一个简单的比喻说明：虽然现在还没有车，但让人员今天先完成学习，取得驾照。一旦车准备好了，他就能马上驾驶。

学习（Learning）
是指为获得在短期需要的知识和能力的行为。
人员发展（People Development）
是指为长线发展而培育人员能力的活动。

储备人才需要刻意和有前瞻性，选择适合的人选，以合适的节奏进行。不宜过早或过晚，否则会浪费你和人员的时间和精力。

理想的人才发展不是单向的。你的目的是要配合组织未来的业务需要，及时储备好有能力的人员。未来岗位的设立永远依据业务所需。再优秀的人才，组织用不上，就是没用。人员需要能及时胜任岗位的任务，如果他能力不到位，岗位只是虚设。同时，人员需有意愿担负未来岗位的职责，觉得是符合他个人理想的职业生涯发展路径，否则他就没有意图预备好自己。如下图所示，理想的人才发展目标，是**业务需要**、**人员能力**和**人员个人职业抱负**三方面的会合处。你要三者兼顾。

理想的人才发展的会合点

人员发展辅导

要做到三者兼顾，你需要定时（最好一年一度）回顾追踪下属的个人发展计划，并辅导他有序地执行。在这里介绍一个我采用多年、行之有效的**人员发展辅导讨论框架**（见下表）。

人员发展辅导讨论框架

1. 现状

   人员的强、弱项

   去年的个人发展计划进度

2. 未来

   未来 1~2 年内，人员理想的下一个任务或职位

   人员长线在组织里发展的目标职位

3. 发展计划

   人员发展的焦点

   未来一年的发展目标和行动计划

首先，与人员讨论可从他现在的能力状态开始。具体谈人员目前展现什么强项，需要改进什么。同时，依据他去年的个人发展计划，让他分享执行进度。

其次，针对未来，考虑到组织的需要和他个人的状态，与他探讨在未来 1~2 年的短期内，他理想的下一个任务或职位是什么。以及从长线（3~5 年）来看，结合他的潜力和兴趣，他在组织里发展的目标职位可以是什么。

综合以上的讨论，对他发展的重点达成共识后，让他记录来年的发展目标和行动计划，以作为来年进度追踪的基础。

要注意，个人发展计划的回顾和辅导，并非绩效评估，而是用来帮助人员自我检测，让他了解自己在组织的发展路径，协助他更好地规划个人发展。这是你对人才的投资，让他有动力、有方向、有计划、有目的地与组织共同发展，也是为组织的未来做更好的预备。

快速提升人员能力始于辨别人员**潜力**与**绩效**，综合观察人员当下的发展状态来决定以什么方法有效发展他们。

投资时间和精力应侧重在高产出的五件事上：

1. 培养有力的学习思维

言传身教主导自我发展思维和成长思维。

2. 聚焦于关键胜任力

综合分析人员的角色胜任力、职能胜任力、领导和落实企业价值观的能力，聚焦提升他们最必需的能力。运用职能胜任力模型，指引团队补强关键能力。

3. 将学习融入日常工作中

切记"70—20—10"原则。从日常工作中创造学习机会，给予有潜力的人员更具挑战性的任务。有习惯地复盘，提炼诀窍。引导权位拥有者和内、外知识拥有者的交流。

4. 提供匹配的辅导支持

运用情景领导力的概念，分析人员的胜任力和他的信心、决心，然后给予合适的辅导。

5. 追踪人员发展计划，为未来做预备

定期与下属回顾、追踪，并辅导他们有序执行个人发展计划。

2.3

化能力为绩效

一个组织与另一个组织之间

唯一真正的区别是其人员的表现。

The only real difference between one organization and

another is the performance of its people.

——波得·德鲁克

挑战 3：化能力为绩效

能力 ≠ 绩效

按逻辑，有能力的人员能产出理想的绩效，但现实中并非一定如此。原因有很多，包括外部运营环境多变或不可预估的因素，以及内部工作环境的限制和人员自身的心态或个人问题等。作为领导者，你必须做好日常的人员绩效管理，提供及时辅导。

对于表现持续良好的人员，管理和沟通相对容易，只要加以认同鼓励，让他们再接再厉就可以。但对于绩效欠佳的人员，则要给予诚实、及时和有建设性的辅导，绝不是等到年终业绩总结、年度绩效评估时才执行。及时的纠正总比亡羊补牢好。

但是，人性的弱点是偏向趋利避害，不想产生冲突。尤其在职场，对很多管理者来说，说鼓励的话容易，但要直接批评就不太愿意，总觉得给人员时间，他会自行改善。一直到成果已经被耽误、不得不处理时，才直面不称职的人员。也有一些管理者只会表达对人员绩效的不满，不懂如何有效沟通，辅导未能到位，批评的话是说了，但看不见人员改进。如果碰到对主管反馈有抗拒的人员，更无法快速地改善人员的绩效。还有些主管不想浪费时间辅导低绩效的人员，宁可把下属的工作拿回来自己做，或转派给其他人员处理。

上述的行为都只会为你、人员、团队带来不理想的业绩和协作氛围。因此，你需要积极管理人员绩效，掌握绩效辅导的时机，运用沟通技巧，这样才能最大限度地将人员的能力转化为绩效。

要做好日常的绩效管理和辅导，团队上下首先要清楚"绩效"的定义。

什么是绩效？

如果一个主管跟你说："A 很聪明，做事上手很快。B 工作态度非常主动积极，只要别人有需要，就提供帮助。"请问你觉得他是在描述 A 和 B 的绩效吗？

两者都不是。前文曾提到潜力与绩效并非相同。主管是在描述 A 的潜力。对于 B，则是描述人员的态度。两句话都没有清楚说明 A 和 B 的绩效表现。

除了以上两个例子，还有很多不同的误区。如某某为人很好；某某在公司多年，经验丰富。又如某某的工作量庞大，很勤劳；某某很受欢迎受尊重，等等。这些人员可能都是优秀的员工，但这些话的共同点是，都没有描述到他们的绩效。

你要先弄清楚什么是绩效和如何描述绩效，这样才能有效管理人员绩效。

用最直接的方法来说，**绩效**是预期（Expectation）和结果（Results）的比较。

一个健康的组织，对人员会有三种预期：一是他要对所负责的绩效目标，也就是他负责的项目或任务，取得预期的结果；二是他亲自采取并执行相应的关键行动，而不是别人替他做；三是他的行为表现是正确的，与组织文化价值观相匹配。

绩效（Performance）
绩效是预期和结果的比较。
绩效 = 达到预期的工作结果
　　　　+ 所作的关键行动
　　　　+ 正确的行为表现

同时，绩效也分为个人绩效、团队绩效和组织的整体绩效（在这里，团队可以是个别职能部门，也可以是组织内的某个业务单位）。

人员在组织的层级越高，责任就越重。他除了要对自己的个人绩效目标负责，还要扩展到对团队、组织的整体绩效交付承担的责任。

当然，个人、团队的绩效目标，必须与组织业务发展的整体目标步调一致。绩效目标的设定应由上而下，从领导层开始制定组织整体目标，再拆分至各团队的绩效目标，最后落实到团队中每个人的绩效目标。这样整个组织才能上下同心，联手追求预期的整体结果。

在订立个人绩效目标时，你必须注意两件事。第一，如果订立的目标是清晰、具体和可衡量的，有明确时限，你日后就更容易客观评估绩效进度和成果。第二，在资源配置上，尽量在制定目标时，与人员达成共识，避免在评估绩效时产生不必要的矛盾。

管理绩效的起点，是与人员订立清楚的个人绩效目标、明确他的角色和行为标准，并与他达成共识。

接下来，谈谈绩效管理。

绩效管理

绩效管理循环

通常每个组织，都有配合它业务需求的**绩效管理循环**。这个循环包括：在一个周期之初，制定整体目标和相应的具体团队及个人目标；然后，在周期中间，进行正式的目标进度追踪与回顾，若有必要，作适当的目标调整；最后在周期末，进行正式的绩效评估，以作为人员的奖励依据。绩效管理循环周而复始。

一般的组织以年度为一个管理周期，也有一些组织采用较短的管理周期，以小步快跑的方式管理绩效，但基本原则不变。

现今，很多组织已把绩效管理循环内的流程与工具系统化，帮助人员规范地管理和追踪绩效。

不管你采用什么工具流程，绩效管理都是你重要的日常职责。如果在平日做好管理，哪怕碰到挑战与困难，你都可及时更正，辅导人员适当调整来做好应对。这样，你不但能争取目标达成，甚至能创造机会超越期许的目标。

典型的绩效管理循环

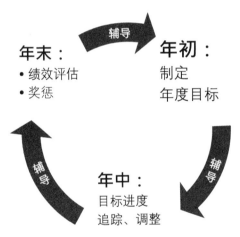

绩效管理≠年终绩效评估

管理周期末的绩效评估，通常称为**绩效评估**。

在这里特别提醒：绩效评估与绩效管理的概念是不同的。绩效管理是你持续进行的任务。而年终绩效评估，是指组织要求你在管理周期末，为所有人员进行正式评估打分。绩效管理的目的不是为了打分，而是能够在平日里，根据进度，通过定期追踪跟进和建设性辅导，来帮助人员取得成功。年终绩效评估，是组织用来让你总结所有团队人员成果达到预期目标的程度，并合理执行年度奖惩的流程机制。

绩效评估（Performance Appraisal）

是指管理周期末，组织对个别人员的绩效评估。

如果你平常没有做好绩效管理，周期末的评估打分会变成一个被动的人事作业。人员不会因你打分的高低而改变绩效结果，只是想着如何为自己争取最好的奖励，等着看你如何执行奖惩。

反过来，如果你的绩效管理一直及时到位，人员在交付过程中得到适时辅导，他清楚自己成绩高低的原因，就不会在年终对获得的评分觉得诧异。你还可利用评估结果，与他进行有意义的复盘。这样做，不但能有效运用机制奖惩人员，还能鼓励他来年更进一步。

积极管理边缘人员

之前提过，如果人员绩效进度理想，你会比较轻松，只要给予合适的辅导支持，并鼓励他再接再厉，甚至赋予他更具挑战的目标，来最大化他的贡献便可。但是当你留意到其中表现明显差于期许，就要马上进行辅导纠正。

此外，你还需要关注团队内是否有**边缘人员**。边缘人员的定义，是指没有犯大错，但绩效平平，勉强可以达到期望，但成绩往往达不到满分。他们的工作状态是在呈现往下走或恶化的趋势。

人员出现这样的状况，就需要马上介入，了解原因，对症下药。目的是扭转不良趋势，协助他回到正轨。否则他们就在不知不觉中拖累团队整体的协作和绩效。

边缘人员（Marginal Performer）

绩效勉强达到期望，但工作状态呈现恶化趋势的人员。

你明确了什么是绩效，也有积极鼓励绩效的意图，下一步是掌握如何评估绩效，从而对人员提供有效的辅导。

评估个人绩效

要客观地做好**绩效评估**，你需要清楚评估的是什么。

简单来说，要评估的是人员的交付是否达到预期。

在这章节开始，我们已经说明，对人员的预期，包含其负责的目标，加上他本人应采取的关键行动和正确的行为表现三个部分。因此，你对人员的评估，要同时回顾三个方面：人员交付的具体内容、质量和展现的行为方法。

1. 交付的具体内容

人员的交付与绩效管理周期初订立的（或周期中曾修改的）个人绩效目标，是否吻合。如人员在达成原定目标的前提下，还完成对团队、组织有贡献的额外的交付，你应予以认同鼓励。

2. 交付的质量

他是否在预算的人力、物力、时间内进行交付？他的交付是否完整？要注意的是，人员交付过程中有时也会碰到未预料或是不可抗力的约束和风险，所以你需要动态去评估。

3. 展现的行为方法

他有否采取应承担的行动？是否遵循组织的价值观，诚信且符合职业规范地履行职责？

绩效评估的三个方面

交付的具体内容
交付的质量
展现的行为方法

做好以上三个方面的评估，你对人员的辅导沟通将更有指导作用。

年终绩效评估

除了阶段性的绩效评估，在周期末（普遍是在年终），作为管理者的你，有责任对人员进行一个正式和综合性的绩效评估。目的是与人员总结个人绩效、他们对团队和组织整体成果的贡献，以及计划下一个绩效管理循环的目标方向。

组织内通常会有绩效评分机制。让管理者在进行年终绩效评估的同时，给人员打分，以此作为奖酬每个人员的依据。

举例，一些组织可能会采用简单的，如 1~5 分的评分机制。1 分是成果远低于目标，2 分是低于目标，3 分是达标，4 分是高于目标，5 分是远高于目标。

另一些组织可能采用九宫格绩效评分矩阵，来更突出它对企业价值观的重视。举例如下图：

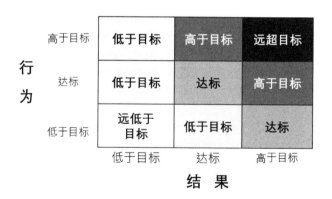

这个例子说明该组织结合两个维度来评估人员绩效：交付的结果和交付的行为展现。结果是指人员取得的工作成果和质量，

而行为展现是指人员的行为是否符合组织宣导的文化价值观。如某某交付的结果是"高于目标",但行为"低于目标",他的综合评估结果只会是"达标"。反过来,如果某某交付的结果是"达标",而他的行为是"高于目标",他的综合评估结果会被加分为"高于目标"。

不管采用什么评分机制或比重,所谈到的评估人员绩效成果,应该是包含他所交付的内容、质量以及他展示的行为方法,与年初(绩效周期初)目标设定的比较。同时,评估内容定义和评估机制的用法要清楚透明,除了让领导者有效管理绩效,人员也能通过自评,主动进行自我管理。

年终绩效评估的结果,会直接影响人员的奖酬,以及来年对人员的目标设定,评估有它的严肃性。评估流程必须要在整个组织内由所有的管理者按规定、有原则地进行,务求对人员做到公平公正。

总结以往的观察所得,面对要做年终绩效评估的时候,管理者常常会碰到一些困惑。以下是一些典型的例子,思考一下,如果是你,会如何处理。

- 下属 A 负责的项目由团队多个成员共同参与,在评估时,你是否要对所有成员一视同仁,给他们同一个评分?
- 下属 B 负责的工作目标是达成了,但是大部分工作都是由其他团队成员帮忙甚至替他做的。你应如何对他评分?
- 下属 C 的态度很好,愿意加班,可惜成绩不尽如人意。你如何对他进行评分？

- 下属 D 取得的成果因种种内外原因低于预期，其中有些是不可抗力的因素，如评分太低，你担心会否令他泄气？

- 过去两三年，下属 E 都得到较高的评分，今年的目标勉强达成，你是否给他与过去一样的评分？

- 下属 F 有两位上司（直线或虚线主管）他们的打分意见不同，如何处理？

- 下属 G 总说你的评分基准比其他主管严谨，你要改得较宽松吗？

以上每一个例子都可能存在一些不同的背景因素，所以没有什么标准答案，但你可参考以下的原则来作最后的决定。

就下属 A 的例子，一般工作项目原本就是由多位成员共同合作完成的，所以你会预期他们有相互协作的行为表现。但应视各人员的能力专长，他们在项目中应该有明确的职责和交付要求，对整个项目的成功交付也会担负不同程度的责任。主管需要就每个成员做好个别的绩效评价，而非以"一视同仁"为借口，简单给予人员一样的评分。之前也提及，绩效不单指个人绩效，也包括团队绩效以及组织整体绩效。越高层的人员，承担团队以及组织整体业绩的责任越大，他们最终的奖酬，自然会受到团队、组织的绩效影响。影响的程度，视作组织给予他们的权重。

就下属 B 的例子，人员必须对他的目标负责。人员未能完成他负责的任务，应当反映在他的绩效评估结果里。不过，你需要深入了解，是人员的胜任力出现问题，还是背后有其他的原因。有这样的状况一般都有先兆，你不能在年终时才介入处理，而是要在日常辅导中加以纠正。

就下属 C 的例子，之前提过，工作态度不是绩效。符合组织文化价值观的行为可以为人员加分，你不能忘记人员要对他的工作目标和质量负责。"没有功劳，也有苦劳"的说法是绩效管理的一个误区。

就下属 D 的例子，工作中往往会碰到不可预估的因素，有些非常态状况的牵涉范围不只对个别人员有影响，而且会对整体业绩产生影响。组织可作整体考虑，合理调整当年可行的目标和评分标准。同时从中吸收经验，筹划接下来的策略目标，带领人员积极面对来年。

就下属 E 的例子，过去的绩效当然不等于今年的绩效，人员必须对今年的交付负责，管理者以此进行评估。不过，当人员持续两三年胜任工作，本着不进则退的原则，主管应就他的能力调整目标，并进行沟通辅导，让他积极地为组织作更大的贡献，不致退步。

就下属 F 和 G 的例子，说明了校准的重要性。不同的管理者可能有不同的评估标准，你可以通过人力资源伙伴或组织内更资深的领导者帮助你校准。

绩效评估校准

如果你是组织的高层领导，为了确保跨团队绩效评估的公平公正，你需要联合组织内其他的资深领导者和人力资源伙伴，定时和有规则地进行绩效评分的校准工作。

以上案例的讨论和分享，就是一个绩效校准的过程。讨论过程中，领导团队可以对觉得不公平的地方提出异议，让大家展开充分讨论，相互理解各个出发点，以及每个人的不同想法。目的是把大家的评估标准尽量拉齐，评估结果尽量公平公正。领导层内达成共识，共同承担组织内各类人才辅导的责任。

在这里，我谈一下绩效评估校准的一些基本概念。

参考组织业绩。如果组织业绩是在达标的状态下，人员的绩效表现也会呈正态分布。大部分人员通常都在达标的范畴内，少数是超标或低于目标的。如果组织是在高于目标业绩的状态下，会有相对比较多高于目标的人员。反之，若组织是在不达标的状态下，高于目标的人员会极少。

远高于或低于目标的人员表现是明显的。远高于目标的人员，或远低于目标的人员成绩、行为表现，都应该是容易被其他领导者或同事察觉到的。尤其是一个表现优秀的人员，不管在哪一个层级，大家都能看得到他的成绩。如果在校准的时候，有人对这样的评估结果提出反对意见，该人员的主管应好好听取其他同事的意见，审慎回顾与评估。

团队人数多，可先做内部校准。作为组织中较大团队（数十人或以上）的领导者，可以邀请相关人力资源负责人，先与团队的人员主管，参考以上两点，做第一轮的绩效校准。再和领导层进行第二轮的校准。

聚焦人员绩效的三个元素。在与其他领导者讨论人员的绩效校准时，要聚焦讨论影响他绩效的三个元素：交付内容、质量、展现的行为方法，不要扩大讨论话题，如谈他的性格、前些年的绩效，等等。你可以直截了当地说明，针对这位人员的目标，他做了什么，拿到什么结果，在整个过程中做得好的是什么，不好的是什么，因为什么原因，你会给什么评分。然后，询问与聆听其他同事的评价，再作讨论。

保持开放的心态。你需要保持开放的心态，多听听他人对你下属的意见，多一些角度去了解。通过校准可以了解自己的评分标准是否过于严格或宽松，并在日后作适当的调整。

特别提醒，在校准完成之前，你不要与人员讨论你对他的评分，避免不必要的误导和产生误解。

谨记绩效评估不单单是为人员打分，而是去帮助人员思考，以追求日后更大的进步。沟通绩效时主要是回顾人员的工作成果，从中提炼心得，而不是谈分数。组织期望每一位人员都能表现出色。

接下来谈谈如何与人员作有建设性的绩效沟通。

有建设性的一对一绩效沟通

不管是在日常工作中，还是在年终做正式的沟通，与人员沟通绩效都是人员辅导的好时机。你的目的不只是传递对人员的绩效评价，而是通过有效的一对一互动，帮助人员从工作进度中提炼学习，给予适合他的辅导支持，目的是帮助他达成目标。

对表现良好的人员，沟通绩效相对简单，加以认同鼓励，让他再接再厉。但对表现不理想，或之前提及的边缘人员，你要积极帮他们纠正，调动他们的潜力和改进决心。以下，我们深入谈一下如何与他们进行有建设性的绩效沟通。

与低绩效人员和边缘人员的绩效沟通

与低绩效和边缘人员作**一对一的绩效沟通**，务必及时，把握可辅导的时机，千万不要等到绩效无法被挽回时才进行。那样做不仅帮不了人员，团队预期的结果也可能因此无法实现。

要达成有效沟通，你必须事先花一点时间做准备，本着"对事不对人"的原则，作以下几个方面的思考，并记录下来。

具体差距。 人员绩效目标和至今达成结果之间的具体差距是什么？你对他的目标期望有否改变？

未能达标的可能原因。 他至今未能达标的原因可能是什么？注意：这是你的初步设想，真正的根源也许要在面对面沟通时才了解到。

值得鼓励和挖掘之处。 虽然未能达标，人员有什么做得好的或对的地方？从你对他的了解，觉得他有什么潜力未被发挥出来。

他需要的支持。 你可提供的协助（如人力、物力、时间、建议等）是什么？

准备好了，展开一对一沟通时就可事半功倍。

以下是作一个完整绩效沟通的必要话题。如一个会议未能涵盖，你也可在短期内，分两至三次完成，但必须完整覆盖以下五个话题。

（1）**绩效差距**。你需要向人员清楚指出这是一个绩效沟通会，明确提出他目前绩效成果与目标的差距，如何做好和可以改善的重点。

（2）**目标、期望的澄清**。确保人员清楚对他的期望和最终要达到的绩效目标。

（3）**绩效问题根源分析**。通过聆听和辅导，你与他共同诊断并找出问题根源。

（4）**改进方案和行动计划**。你与人员探讨相应的改进方案，规划行动计划。同时让人员知道他可以善用各种资源，如人力、物力和时间，以及你可以提供的协助。

（5）**跟进方法**。你必须与人员订立合理的跟进时间、方式，来追踪进度，直到人员恢复到预期的绩效表现。

绩效沟通的必要话题

1. 绩效差距
2. 目标、期望的澄清
3. 绩效问题根源分析
4. 改进方案和行动计划
5. 跟进方法

返璞归真领导力：40 年实战淬炼

与低绩效人员作绩效沟通，往往会谈到敏感问题。你除了要保持客观，守着"对事不对人"的原则，还要谨记以下的**沟通原则**。

真诚、友善。用真诚的态度说诚实话，不要转弯抹角地谈问题。沟通的目的是要让人员清楚明白，他做得好和要改进的地方。以友善诚恳的态度，让他明白你是想帮助他成功的。

用心聆听。给充足的机会，让人员表达他的想法和意见，先去了解他而不是先提出你的想法，这样更能对症下药。

确保人员承担责任。你的角色是帮他达成目标，而不是替他做他该做的事。你要提醒他承担起个人的责任，落实改进的计划。

追踪跟进。对表现不理想的人员，及时的追踪跟进极为重要。目的是要扭转不良的趋势，直到人员回归到该有的绩效状态为止。

实事求是，如果你对人员多次跟进，最终他的绩效还是无法改进，你需要考虑人员是否在合适的岗位上，是否要被调离。下一章节将探讨如何把对的人放在对的位置上。

学以致用——

你的团队中有否低绩效或边缘人员？如果有，花时间分析原因和准备，然后尽快启动有建设性的一对一绩效沟通。

- 能力并不一定等于绩效。首先要清楚绩效是预期和成果的比较，再进行管理。

- **绩效 = 达到预期的结果 + 所做的关键行动 + 正确的行为表现。**

- 绩效目标设定从上而下。职位越高，除了有相应的个人绩效，对团队和组织的绩效也要担负越大的责任。

- 要化能力为绩效，你必须做好日常的绩效管理，运用组织的绩效管理循环和工具流程，有规则地与人员制定目标，追踪进度，给予辅导。对低绩效和边缘人员，你更要及时干预。

- 掌握如何作客观的绩效评估，完整地评价人员交付的内容、质量，以及展示的行为方法，是否达到预期。善用组织的评估机制，参与校准，使评估结果能够在整个组织里做到公平公正。

- 你要把握时机，依据绩效评估的结果，尤其对表现欠佳和边缘人员，及时做好绩效沟通，来扭转不良的趋势。

- 有建设性的一对一绩效沟通，来自你事前的充分准备，谨守良好的沟通原则和确保沟通内容的完整性。

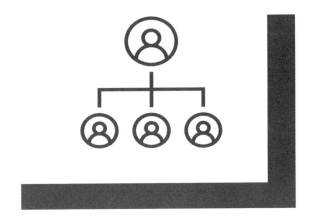

2.4

把对的人放在对的位置上

领导必须亲力亲为地工作——将对的人放在对的位置上。

The job no leader should delegate —

having the right people in the right place.

——拉里·博西迪、拉姆·查兰

《执行：如何完成任务的学问》

挑战 4：把对的人放在对的位置上

编制、落实最佳组合

随着组织业务的发展变化，人员结构要适时调整，做到人尽其才，支持业务发展。正如在本书第一部分的 1.2 和 1.3 章节所说，领导层要亲力亲为，定期回顾组织架构，做整体人员规划，编制最佳组合，确保架构合适，人才配置合宜。这是打造组织攻坚能力的重要保证。

作为领导者的你，要责无旁贷地做好所负责团队的人员规划，除了为未来发展设计、优化组织架构，还要进一步落实岗位的设定，动态且及时做好人员调动和配置，把对的人放在对的位置上。

归纳总结，你要掌握以下三个"P"：

Position（岗位）：团队或组织内需设立什么岗位？

People（人员）：团队人员当下状态如何？

Place（配置）：如何做好人员调动和配置？

Position（岗位）——团队或组织内需设立什么岗位？

组织内岗位的设立不是随意的。不同的组织在不同的发展阶段，需要设立的岗位也有所不同。

因岗设人，还是因人设岗

组织达到一定规模后，理想的做法是因岗设人。就是依据组织架构设计，确定所需工作岗位，然后寻找合适的人员配置到岗位上。如果组织的需求比较清晰，各功能分工也明确，具备所需能力的岗位人员，可从内部或外部的人力市场上选拔获取。举例，一个财务职能内，设有总账管理、财务分析、成本核算、税务管理、资金管理等岗位，这些岗位的定义和所需能力是清晰的。

若组织内的团队还在初始阶段，或规模较小时，岗位的定义就需要更多弹性。许多时候，最佳组合是让有共同抱负和某些关键能力的人走在一起，大家分工不分家，可以身兼数职，或谁能做好就分派给谁做。岗位的设定，视人员能力和被委派的责任。比如，在一个初创公司，一名财务专业人员可能同时兼顾总账管理、财务分析、成本核算、税务管理工作，甚至也兼任财务以外的采购、信息技术工作。对初步发展中的组织或较小的团队，以**因人设岗**的方式来支持业务发展是需要的。当组织预备踏入下一阶段，扩大发展时，你再来重新审视业务需求，通过逐步采用因岗设人的方式，让业务释放出规模效应的好处。

岗位设计好，你再运用之前 2.1 章节介绍的"岗位成功画像"，具体描述岗位所需的人才。

思考回顾——

你的团队和组织正处于什么发展阶段，哪些岗位是"因人设岗"？就接下来的业务发展计划，是否需要过渡至"因岗设人"的方式来提升团队的专业能力？

People（人员）——团队人员当下状态如何？

知人，才能善任

就未来发展，明确团队岗位的需求后，你还要清楚团队内的人才状态，定期做好人员盘点，才能真正做到知人善任。人才状态包括他们的胜任力状况、发展潜力、绩效表现、投入度和职业抱负等。胜任力的需求，会随着角色、岗位的扩展而改变，你不仅要观察团队人员当下的胜任力，还要分析人员的发展潜力，是否有可能被提升到上一职级，担负更大的职责。如果有，人员的绩效和投入度是理想的，也匹配抱负，你就应考虑有序发展其能力，把人员提前预备好，适时提升并助他成功过渡到下一个岗位，让他有机会为组织作出更大的贡献。

在执行人员盘点时，你可以把团队成员做三个基本分类：**绩效稳健者、高潜质人才和边缘或低绩效者**。

人员盘点时的人员分类

绩效稳健者
高潜质人才
边缘或低绩效者

绩效稳健者

伴随着业务的发展，这些人员的表现一直到位。沿用上一章节绩效评估的方式看，绩效稳健者就是那些长期被评为"达标"或"高于目标"，甚至"远超目标"的人员。在健康的组织里，绩效稳健者应该占大多数。

高潜质人才

在绩效稳健的基础上，进一步考虑，其中有没有人员可被列入组织高潜质人才库。以下是你可用作判断高潜质人才的基本考虑条件：

（1）他的绩效表现是否一贯稳健或在更高状态？

（2）他是否表现出潜力，在可预见的一两年内，可以过渡到上一个或两个层级？

（3）相比同级伙伴，他是否更强和进步得更快？是否具备学习能力和意愿？

（4）他的一贯行为表现，是否与组织价值观相匹配，甚至是模范？

（5）他有没有显示致命的弱点，如诚信、职业操守、妄自尊大的问题，或性格上不能与他人合作的问题？

（6）他是否具备使命感和责任心，并愿意承担更大工作范畴的责任？比如，在过去组织有需要时，他是否愿意额外付出？

（7）面对挑战时，他是否具备抗压力？

（8）他是否具备跨功能、跨代或跨界的协作力？

人员表现程度或许有高低，如果以上答案是正面的，该人员就具备高潜质人才的基本资格。接下来，领导层和人力资源伙伴应进行校准。依据组织发展状态和需求，对当年高潜力人才名单达成共识，并为这些人才制定具体的个人发展计划，执行并追踪。

注意，高潜质的定义应匹配组织特性和定位，并要与时俱进。在组织发展过程中，领导层可适当调整或提升高潜质人才在某方面要求的标准，来不断优化组织能力。

边缘或低绩效者

顾名思义，低绩效者是工作表现低于目标的人员。在前一个章节里，我们已提到什么是边缘人员，他们是没有大过错，但表现却一直马马虎虎，勉强达到期望，整体表现还呈现恶化趋势。组织内当然不希望存在这类人员，就是有，也希望只占极少数。

谨记，进行人员分类的目的不是贴标签，而是让你通过分析，更清晰地了解人员状态，有的放矢地进行差异化管理。针对不同类别的人员，给予相应的关注与辅导，能够更合理地做人岗匹配，善用其才。

人员的分类标签不是一成不变的，它会随着个人或组织的发展状态而有所变化。例如，人才被提升到更高职位后，因为他需要学习以适应新岗位工作要求，就有可能会由高潜质人才，转到绩效稳健者类别。人员发展是动态的，因此，你需要有计划地定期做人员盘点。

学以致用——

就你的团队，进行一次人员盘点、分类后，针对合格的高潜质人员，辅导他们，制定适配他们的个人发展计划。

Place（配置）——如何做好人员调动和配置？

要把对的人放在对的位置上，你不能停留在计划上，而是要主导落实执行，联合相关伙伴，有序展开人员调动和配置工作，并协助人员顺利过渡。

常见的人员配置行动有以下四种：**保留**，让人员在原来岗位发展；**晋升**，人员扩大工作范围，把他提升到上一层职位；**平调**，横向移动人员到其他相同职级的岗位；**解聘**，让不胜任、不合适的人员下车。

常见的人员配置行动

保留人员在岗位发展

晋升

平调

解聘

保留人员在岗位发展

让人员继续在岗位上发展是最常见的行动。在发展中的组织，同一岗位所需的胜任力也会随之而变化或提高。例如，当业务扩张时，同一岗位的人员要能够处理更大更多元的客户需求。又如，科技的腾飞，使同一岗位的工作方式、流程起了翻天覆地的变化，人员需要不断吸收新的知识能力，来胜任岗位的职责。你可重温2.2章节来帮助人员在岗位上持续并快速成长。

晋升

在业务有需要的前提下，你可以通过晋升的方式，给予高潜质和预备好的人才一个更大的平台，来为组织作更大的贡献。

概念很清楚，但依我多年观察，每到实际操作人员晋升的时候，很多领导者在确定晋升人员名单时，会遇到一些典型的困惑。以下将分享一些例子。你不妨思考一下，你会如何评价？人员是否符合晋升考虑的标准？

- 人员 A 绩效一直非常好，虽然潜力一般。是否要给予晋升的机会？

- 已经有两年没有给予人员 B 晋升，团队里其他人都已经升迁过，是时候轮到他了吗？

- 人员 C 一直非常勤劳，虽然绩效不怎么样，这次要不要给他晋升机会？

- 人员 D 的前同事、朋友都在同一行业，职称都比他高，要不要提升他？

- 如果我不给人员 E 晋升，他就会提出离职了。

当然，这些例子不能孤立地看，凡事都要综合考虑。但是，要树立健康积极的组织氛围，你必须管理得当，谨记晋升人员的初衷。否则，做不到人尽其才，反而会在团队里营造不良风气。

总的来说，升迁必须遵守以下三个关键原则。

（1）确保工作复杂度或范围，是扩大到上一层职级的标准。

首先，在满足业务需求的同时，在晋升后，人员工作的复杂度或范围必须是扩大到上一层职级的标准。晋升一定是来自岗位需要和人员胜任力的匹配。如果组织没有岗位需要，人员工作复杂度或范围，没有扩大到符合上一层级，就不要晋升，否则会换来一堆虚假的职称，养了一堆闲人，却没有真正匹配的能力内涵，组织就越来越被动。

谈到工作复杂度或范围，市场有成熟专业的岗位评估机制。不同组织通常会采用不同专业精细度的体系，来管理职位层级、职称。所以，你可以联合相关人力资源伙伴，客观地厘定每个层级的工作复杂度或范围，建立良好的晋升机制和规则，支持人才和业务的并肩发展。

（2）人员已准备好，预计能胜任新的岗位。

长远来看，勉强提升没有胜任潜力或未预备好的人员，只会给组织带来负面影响，为组织能力的打造拖后腿。反过来，提升对的人才，因为他已具备下一职级的胜任力，就足以预见到会过渡成功。而且，当该人才在新岗位的绩效和行为被其他伙伴看见时，会给他们树立一个好榜样。

（3）人员的绩效和行为展现在原岗位，始终稳定，符合或超越预期。

虽然人员具备发展潜力，但如果在现有岗位绩效表现不稳定或不理想，不要急着谈晋升。你要先了解绩效不稳定的原因，对症下药进行辅导。直至他能持续有良好表现，再作考虑。

就算人员能力达到下一职级的需求，如果他的行为展现与组织价值观违背，你须先进行纠正，暂缓晋升。你必须校准人员行为，否则企业文化会被污染。

回到之前的例子，我们可参考以上三个原则来进行分析。

如果人员 A 的潜力一般，他能否胜任上一层级的工作就是个问号。人才的成长不是只能从晋升中得到。与其考虑晋升他，倒不如先在现岗位上提供更多元的学习机会，更具挑战的任务，先增强他的能力，再进行观察。

对人员 B 而言，虽然工作年资对某类型的工作意味着更丰富的经验和能力，但年资不应是最重要的考虑因素。每位人员的能力不一，不能用轮流的概念考虑人员升迁。

对于人员 C，勤劳是态度而不是绩效。晋升不是认同鼓励人员的工具。

就人员 D 的例子，朋友和前同事在其他组织的职称不是考虑人员升迁的因素。

再来看人员 E 的例子，人才保留不应单靠晋升来达到。

究竟人员 B、C、D 和 E 是否适合升迁，还是要以之前说的三个晋升原则来考虑。

总而言之，你要明确晋升的目的，坚持做对的事，在组织有需要时，提拔对的人才，创造健康积极的工作氛围。

平调

平调是指横向移动人员到其他相同职级的岗位。它可以是同一功能或部门内的调动，也可以是跨功能、跨地域的调动。

平调主要目的有两个：首先是按人员的能力与特质，把他调到更适合他发展的岗位上。其次是以此调动来拓宽人员的工作经验，让他横向发展，扩大眼界和提升个人能力。

平调是一个把对的人放在对的位置上最常用的方法。可惜的是，执行人员调动容易碰到一些问题，导致不必要的矛盾，影响效果。下面罗列一些常见问题，以作提醒。

- 原主管想把人员留在自己身边，不愿意调动人员。

- 人员自身满足于现状，不愿意转岗。

- 人员已调动，但原先工作还在手上没有交接出去，加上已经开展的新工作，分身乏术。

- 人员到了新岗位，新主管认为他已经是老员工，没有好好提供上岗辅导，以致他在新岗位上表现平平。

平调的成功来自三赢思维。当启动人员调动时，你必须让人员的原主管、新主管和人员本人这三方，清楚明白调动对各自的益处，并连同人力资源伙伴，做充分的三方沟通，来对人员调动时间、工作安排细节等达成共识。要请新、旧主管一起制订转岗计划，并及时提供帮助。

一个常见但糟糕的平调情况是，主管借用平调的方式来"不管理"不称职的下属。他们把问题人员调离到另一部门的岗位，让其他主管接收处理。

平调不是一个用来惩罚管理低表现者的方法，更不是用来把问题人员抛给其他人去管理的途径。

那么，低表现者是否可以考虑平调？答案是可以的。但你的目的，应该是通过把他放在一个更合适他发展的岗位上，来帮助他扭转不尽如人意的表现，回到可以为组织作理想贡献的状态。

在考虑平调低绩效者时，领导者必须审视三件事。首先，人员自身是否乐意接受转岗？如果不是就不考虑。其次，人员是否具备新岗位的基本学习能力？如没有也不应考虑。最后，新岗位是否更适合他发挥强项或特质？如果不是，他在新岗位的成功机会不会高，也不被考虑。如果三个答案都为"是"，领导者可以通过平调，给人员一个恢复到绩效稳健者的机会。

解聘

这是一个严肃话题，一般人都不希望面对。但是，若人员经过多轮绩效辅导和观察，证实真的不适合在组织发展，就不要拖延管理，请他下车可能对他、你和组织都是最合理的决定。作为领导者，你需要懂得如何积极面对以及执行。以下提供几个步骤与原则。

步骤一，客观和审慎地评估解聘的必要性。

当考虑是否要解聘人员，首先，你与其主管（如果你不是他的主管）、相关的人力资源伙伴，要做客观和审慎的评估。除了确认该人员是否是一个边缘或低绩效者的同时还要检讨人员有否在日常工作中得到合理支持，包括资源、工具和辅导。如果没有，人员表现欠佳，不一定只是他的个人能力问题，哪怕让其他人员接替他的职责，如果没有给予合理的支持，也可能会失败。所以你应先考虑提供应有的支持，观察人员是否能扭转改进，达到岗位的绩效标准。

步骤二，与人员认真、诚恳地进行绩效沟通。

无论如何，在决定解聘前，你应与人员认真诚恳地进行绩效沟通（参考上一章节"有建设性的一对一绩效沟通"部分）。一般来说，人员是有自知之明的，如果他想明白，并接受自己不合适留在岗位发展，或许他会自行决定离职，另谋发展，寻找更合适的工作岗位。这时候你应总结经验，重新思考和制订"岗位成功画像"（见 2.1 章节），补上合适的人才。

步骤三，与人员订立短期具体绩效提升计划并跟进进度。

如果人员有决心改进，你也愿意给予机会，则其主管和人力资源伙伴应与他订立绩效提升的具体计划和目标，配合适当以及定时的辅导和跟进，在合理时段内（通常是 1~3 个月），观察人员能否扭转与改进，达到所定目标。如人员表现仍不达标，就要当机立断，及时劝退或执行解聘。

当人员表现达到预期后，主管还需要持续观察、再辅导追踪一段时间，确保人员的表现不只是昙花一现，而是确实能回到应有的稳健绩效表现。否则，你也应予以劝退，鼓励他在更适合的地方寻求发展。

依据上一部分提及的平调，如果组织内有其他的岗位空缺，你也可以进行评估，看看他的意愿、学习能力和匹配度，考虑是否给予他转岗的机会来更好地发挥，继续在组织发展。但记得，如果在意愿、学习能力和匹配度中有任何不适合的，就不要勉强用平调来逃避人员的处理。

步骤四，如仍不能胜任，劝退或依法直接解聘人员。

在做了充分的评估和应有的绩效提升辅导支持以及跟进后，人员仍不能胜任，你要当机立断，劝退或直接终止与人员的雇佣关系，让他下车。拖延对双方都没有好处。

你需要依据当地法律法规，处理解聘的沟通和流程。同时，你和相关主管、人力资源伙伴，本着以人为本的理念和专业态度，合情合理地执行解聘。

掌握了以上步骤，作为领导者的你，还要发挥成熟的领导本色，在执行解聘时，坚守以下五个原则。

诚恳诚实。之前说过，人都不希望面对被解聘的事实，将心比心，你要以同理心来处理人员和自己的情绪。不要贸然解聘，而是经过以上审慎的步骤执行后作出的决定，同时你又要以诚恳诚实的态度沟通，最终人员会明白和接受这个对他、你和组织三方最合理的决定。一般来说，人员是有自知之明的。

有建设性。帮助人员理解他的强、弱项和如何去改进。他虽然未能胜任，不能继续在组织发展，但他仍能从失败的经验中了解自己，调整方向，在职业生涯的下一阶段寻找更适合他发展的工作。

各负其责。在处理沟通的过程中，你需要明确你、他双方分别的责任、义务和立场。人员当然需要承担自身的绩效责任。作为领导者的你，也需要对低绩效者担当责任，果断并专业地处理，既不耽误团队交付，也不耽误当事人的个人发展。你更要从解聘人员的案例中检讨，思考什么样的人才、什么样的团队结构更为合适。

维护尊严。人员在组织不胜任并不等同他是一个坏人。他可以在其他更适合的地方有好的表现。发挥以人为本的精神，让人员体面地离开，让他能好好地另谋发展。你待人处事的方式，团队其他人员都看在眼里。

合法合规。 不同的经营地域会对人员解聘有不同的法律法规，如你有不清楚、不明白之处，及时向人力资源、法务伙伴寻求咨询协助，避免不必要的纠纷，合法合规地处理整个解聘流程。

参考以上的内容，就你将要执行的人员调动或配置工作，看看是否有需要重新思考如何部署实行。

想要得到最佳人员组合，你就要定期回顾组织架构，确保架构适合组织未来的发展。要落实这个理想的组合，你要掌握三个"P"：

Position（岗位）——组织内需设立什么岗位？

People（人员）——团队人员当下状态如何？

Place（配置）——如何做好人员调动和配置？

设立岗位时，你要综合考虑组织和团队的发展阶段，来决定你是要因岗设人，还是要先用因人设岗来过渡。

知人，才能善任。你要定期作人才盘点，清楚人员当前的表现状态，是绩效稳健者，或是高潜质人才，或是低绩效者。针对不同类别的人员给予差异化管理、辅导与发展。

除了让人员继续在岗位上发展，你往往还需要执行晋升、平调甚至解聘等人员配置工作。你要保有初衷，运用概念、原则和方法，来达到人尽其才、人岗匹配的目的。

2.5

保留并激发绩效稳健者

人员冲着公司而来，因为上司而走。

People join companies,

they leave managers.

——维恩·哈尼什

挑战 5：保留并激发绩效稳健者

保留的对象，当然是绩效稳健和高潜质的人才。在人才竞争激烈的时代，表现优秀的人员，往往受到猎头公司或其他企业关注，并进行挖角。人员自身也因各种原因，考虑外部其他发展机会。当你用了人力、心力、物力、时间，来建立与打造团队、栽培人员，你一定希望人员留下来，长期且持续在团队发展。

同时，你若能最大限度地激发人才潜力，不仅能为组织和团队带来卓越贡献；对人员来说，也能获得更大的成就感，敬业乐业地与组织共同发展。

保留人才的三个基础工作

在谈激励人员之前，我们先来谈谈人才保留。

1. 提供个人成长和发展机会

人才不希望自己怀才不遇，更不希望停滞不前。所以，保留人才第一要事是**提携人员成长**，提供他们职业发展的机会，之前的章节，特别是 2.2 章节已提及不同的方式方法，你可重温，这里不作重复。

2. 落实职业价值，营造有质量的工作体验

随着社会进步，人才也会重视工作体验的质量。比如，工作环境是否安全健康？他们能否融入工作伙伴的社群？组织、岗位是否有提供展示其才能的机会？工作氛围和企业文化是否是他们认同的？以及他们能否平衡工作与生活，等等。你可能发现了，这与 1.4 章节中谈到组织的"职业价值"部分，如出一辙。组织依据雇主定位，制定了对目标人才的职业价值。你需要在团队里具体落实，来提升人员工作体验的质量。

3. 提供有竞争力、公平的报酬

除此以外，不得不提的是，你仍需为人才提供合理的、有竞争力的、公平的报酬，才能留住人才。领导层必须为组织设定适配岗位的健康的薪酬理念，以及具竞争力的全面薪酬体系，来保留人才。如果你没有参与订立组织的薪酬体系，可以请教人力资源伙伴，对组织薪酬理念体系进行理解，以备在需要时，有能力与人员沟通说明，并适当运用组织的付薪原则、体系来保留、激励人才。

在这里，我将简单介绍薪酬理念的定义和它的体系。

薪酬理念，可以理解为组织薪酬结构和操作的指导原则。它是配合业务性质、策略和组织在人才市场的定位而设立的。举

例,很多组织都会采用"以绩效付酬"原则,该理念会反映在不同的薪酬元素中,让高绩效人员得到比绩效平平的人员更高的回报。又如,若某组织采用"高竞争力的薪酬定位"作为付薪原则,它的长、短期薪酬奖惩制度可能会比同行业的组织更进取。

薪酬体系。同样,组织会在不同的发展阶段,设定相应的薪酬体系。该体系由不同的薪酬元素组成,如固定薪资,长、短期激励方案,员工福利计划等。同时,组织会采用合适的岗位评估方法来制定薪资架构、调薪机制等,落实组织的薪酬理念。你不能从单一维度来看某个薪酬元素,要以全局观加以综合理解。

薪资福利固然重要,但需要特别提醒,你如果仅仅靠加薪来保留人才,注定会失败。钱不是不重要,但如果只会使用它来维系员工关系的话,人员得不到职业发展机会,体会不到其他有质量的职业价值,他对组织的忠诚度是低的。别人只需在薪酬上花点功夫,加以一些人才追求的利益价值,就能轻松地把他挖走。所以单靠薪酬,而没有其他的激励方法配合使用来保留人才的领导者,没有什么了不起。长此以往,还会产生不良的后果。

总的来说,人才保留的基础工作,是要给予他们个人成长和发展的机会,营造有质量的工作体验,并提供有竞争力、公平的报酬。

保留人才的三个基础工作

1. 提供个人成长和发展机会
2. 落实职业价值，营造有质量的工作体验
3. 提供有竞争力、公平的报酬

在这个前提下，接下来探讨如何激发人才，做到人尽其才。

激发人才的深层动机

人才日益重视工作对他们的意义，本书第一部分的 1.6 章节"有意义的参与"内容，与激发人才的话题息息相关，鼓励你重温。

了解人员的深层动机

激发人员没有捷径，你要先了解人员动机。而要最大化激发人员潜能，你必须从更深入了解人员个别的深层需要和动机开始。

深层就是不只看表面。比如，三个人都努力工作，看上去都是在争取更高的职位和收入。事实上，第一位人员是因为他需要依靠收入来养活妻儿，他希望有一个稳定的工作。而第二位人员是因为对他来说，职位和收入代表着他在组织的地位，他更深层的需要是在组织和行业内被认同。第三位人员是因为他希望能成为行业专家，他的深层动机是个人发展。借用**马斯洛的需求层次理论**（见下图），

返璞归真领导力：40 年实战淬炼

第一位人员需要安全感；第二位人员需要归属感，对他来说，被尊重是至关重要；第三位人员的需求，是自我实现，把个人的潜能释放。

马斯洛的需求层次理论

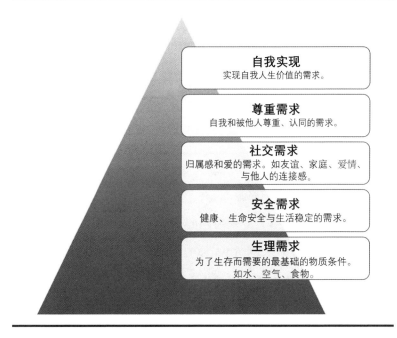

自我实现
实现自我人生价值的需求。

尊重需求
自我和被他人尊重、认同的需求。

社交需求
归属感和爱的需求。如友谊、家庭、爱情、与他人的连接感。

安全需求
健康、生命安全与生活稳定的需求。

生理需求
为了生存而需要的最基础的物质条件。如水、空气、食物。

人员的工作需求或动机是动态的，会随着时间和环境而改变。比如，一些人员在组织稳定发展了一段日子，原来追求的安全感被满足，他可能更期望归属感，被他人接纳。一个追求自我实现的人员，可能因为家里的经济状况发生了变化，而同时需要稳定的发展平台。只要你日常用心关注你的人员，保持良好的沟通，你会更容易察觉到变化。

如果发现你不大了解团队成员的需求和工作动机，你不妨多花些时间观察、关心他们，并用心与他们沟通。你带着诚恳的态度关心人员，他们心里是明白的。当你了解了他们的深层动机，你就可思考如何更大程度地释放他们的潜能。

> **学以致用——**
>
> 停下来想想，你对团队人才的需求和动机了解多少？他们当下在追求什么？

了解人员原动力的来源

一个人的原动力不是**来自内心（Intrinsic Motivation）**，就是**从外而来（Extrinsic Motivation）**。

发自内心的动力是一股强劲的力量，很多时候，这动力能让你不眠不休。承接之前说的，一个人为了满足他的深层需求，他会为自己订立目标，竭尽全力地动起来，直至取得满意的成果。例如，他的人生志向是成为赛跑金牌选手，他会为自己订立目标设定时间，天天锻炼，不管最后获得金牌与否，他的成绩与一般业余运动员是不一样的。在工作上，人员的冲劲可以来自他的事业抱负、个人成长追求、对工作内容的挚爱等。

从外而来的动力，就是因为外在的诱因或压力，导致你同样竭力去取得成果。重赏之下必有勇夫。比如，你有能力跑得快，虽然不热爱跑步，但因为你渴望赢取冠军的丰厚奖金，你努力天天锻炼，务求达到目的。或者，想象一只老虎在你后面追着你，我相信你也会跑得比平常快多了，速度将突破你的个人纪录，甚至可以比得上一个金牌选手。这是开玩笑，但可以让你明白，动力可以由外而来。举一些工作上的例子：人员卖力工作，可能是因为完成任务能让他们获得更理想的薪资福利、晋升机会，或赢取某些行业奖项；又或者他要解除一些业务上的危机，突围竞争环境等。

不管是从内而外，还是从外而内产生的动力，如果目标对人员是有意义、满足他需求的，都能让他产生动力。

帮助人员从工作中获取满足

既然一个人的原动力源自他的深层需求和对他具有意义的目标，那这动力之所以被启动，是因为他相信自己的需要能被满足，或他有机会达到目标。因此，要激发人员的潜力，你需要在工作中帮助他树立信心，创造机会协助他成功。助人成功，原本就是赢得人心的秘诀。

例如，人员若需要有更强的归属感，你可以在团队建设上下功夫，加强团队成员的协作交流。如果他需要的是认同，找合适的场所及时表扬他，或提供机会让他公开地分享经验，得到他人认同。如果他期望在工作中自我实现，就可以考虑给他更有挑战性的任务，提供跨界的学习机会。激励他们的方法可以多种多样，但前提是你一定要了解人员的需求和目标。

当你有的放矢地启动人员潜在的动力，他在深层需要得以满足的同时，也更乐于投入工作，为团队作出更大的贡献，这是理想的双赢结果。

营造相互激励的工作氛围

激发人才不能只靠你一个人，一对一的关心与激励，效果始终有限。你要带动团队，营造一个相互关心、相互激励的氛围。

有一个概念叫"**蝴蝶效应**"：一只南美洲亚马孙河流域的热带雨林中的蝴蝶，偶尔扇动几下翅膀，可以在两周以后引起美国得克萨斯州的一场龙卷风。

蝴蝶效应也可以发生在组织内。人员的行为不管是多细小、是好是坏，不知不觉中是会被传开去的，成为无形的团队文化。因此，你要就组织核心和正面的价值观，刻意塑造一个积极的工作氛围，发挥团队的正能量，相互激励。

做法很简单，只要你有习惯公开、及时和具体地认同鼓励人员的好行为，并创造机会给团队成员在日常工作中作同样的相互鼓励，让大家把相互鼓励变成习惯。不要等到年底发什么公司奖项才提名鼓励对象，也不要看到十分激动人心的事情才给以认同，更不要作虚假空泛的表扬。只要是正面积极的、符合组织价值观的行为表现，就值得表彰。随时随地、诚恳的鼓励远远比机械式的奖励来得更鼓舞人心，更有启发和影响力。

有了相互鼓励的团队氛围，大家处于积极的工作状态，人员的潜力和团队的协同作用自然会倍增性地释放出来。

以下是**保留**人才的三个基础工作：

（1）提供个人成长和发展机会。

（2）落实职业价值，营造有质量的工作体验。

（3）提供有竞争力、公平的报酬。

激发人才，你先要关心、了解人员的深层动机，然后有的放矢地帮助人员从工作中获得满足。当人员的深层需求在工作中被满足，他自然会更投入，为团队作出更大贡献。

激发人才不能只靠你一对一的激励。你要营造一个积极的氛围，培养团队成员相互激励的习惯，来更大程度地释放人员的潜力和团队的协同作用。

结语

读完这本书，相信你更明白第二部分人员领导力的内容，与第一部分打造组织领导力的目标息息相关。

吸引对的人才加入，是增加组织发展的资本。快速提升人员的胜任力，是为组织未来发展作预备。通过积极有效的绩效管理和沟通，能借助人员的能力来成就理想的组织成绩。组织在不同的发展阶段，需要适时调整架构和人员配置。把对的人放在对的位置上，落实最佳组合，能让他们更出色地一起执行业务的策略。用心带人，深入了解人员的深层工作动机，为的是帮助他们从工作中获得满足，营造双赢和有意义的工作氛围。当这些都达成了，你就能最大程度地释放人员潜力，成就跃进目标、组织抱负。

最后送上一首我在 2013 年职场打拼时，感悟中写下的一首诗。名为《越岭前行》。

> 人在高处不胜寒，
> 形单影只觅知音。
> 成功背后有血泪，
> 失败之中取学问。

今天之获明可失，

昨日为功今为过。

不进则退本真理，

变化原来是永恒。

蔑视得失求常青，

淡泊名利重意义。

攀山越岭岂运气，

能达此境已蒙恩。

天生我材必有用，

坚持原则往前行。

成功的高峰不易攀，也没有捷径，但是有章可循。

返璞归真，希望你坚持待人以诚的原则，把握成功关键和务实的技巧方法，活学活用，带领团队共同成就抱负，干出一番有意义的事业，成就真且实的领导力。

感谢语

看人挑担不吃力。写完这本书才明白，写书不是一件易事。虽然书中内容在课堂上讲过千百遍，脑袋有着满满的想法，但要落笔到纸上，继而出版，谈何容易。有许多学问，没做过，就是不知道。

没有带领过我的上司、导师、教练以及家中长辈，就没有今天的我，当然也不会有这本书。感谢先父，从小给我以榜样的垂范，教会我如何以实力和主人翁心态创出自己的事业。感谢卡耐基训练的上司、良师益友 Denita Conner，在她的言传身教下，让我当年有了脱胎换骨的改变，从自我成长开始，走上帮助他人成长的道路。感谢我的教练 Dan Adams，从我刚踏入人力资源的管理领域开始，一直给予我及时用心的辅导聆听，协助我在专业上快速成长。尤其感谢我在百胜中国的老板苏敬轼，廿多年来，不但给予我机会，更给予我信任与支持。在他的指导下，让我在领导团队的岗位上不断实践与长进，迈向自我实现之路，能成就这本书就缘于他巨大的鼓励与支持。

能出版此书，感谢徐慧在与出版方联系和在充实本书内容上给予真切的建议帮助。感谢谢岚，一直在身旁，帮我校阅修改，让文辞表达得更清楚。还有朋友们 Patrick Tham、黄进栓、陈维维、蔡郁菁、李尔成、Angie Lau 以及我先生袁人煦，在出版前花了时间阅读书稿，并给予宝贵的回馈，在此送上衷心的谢意。也特别致谢东方出版中心刘佩英老师在写作初期给予的指导，以及徐建梅老师在出版及编辑工作上的大力支持，让此书得以面世。

　　为我不断打气的老同事、HR 队友、客户、朋友、亲人们，感恩有您！谢谢你们的支持，相信在本书分享的故事中，你们也能找到了各自的身影。